HISTOIRE

DU

PÈLERINAGE

DE

N.-D. DU CHARMAIX

PAROISSE DE MODANE (SAVOIE)

Par l'Abbé MOLIN

DEUXIÈME ÉDITION, REVUE ET AUGMENTÉE

CURRIÈRE
IMPRIMERIE DE L'ÉCOLE DES SOURDS-MUETS
1888

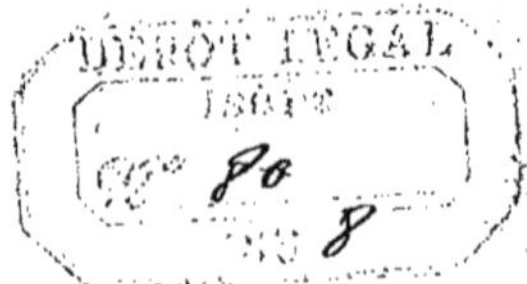

HISTOIRE DU PÈLERINAGE

DE

N.-D. DU CHARMAIX

PAROISSE DE MODANE

HISTOIRE

DU

PÈLERINAGE

DE

N.-D. DU CHARMAIX

PAROISSE DE MODANE (SAVOIE)

Par l'Abbé MOLIN

DEUXIÈME ÉDITION, REVUE ET AUGMENTÉE

CURRIÈRE
IMPRIMERIE DE L'ÉCOLE DES SOURDS-MUETS
1888

ÉVÊCHÉ
DE
MAURIENNE

Saint-Jean-de-Maurienne, le 8 septembre 1888.

MONSIEUR L'ARCHIPRÊTRE,

J'ai lu avec un très vif intérêt votre livre sur Notre-Dame du Charmaix, et je vous félicite d'avoir eu la pieuse pensée d'en donner une seconde édition augmentée. Le sanctuaire de Notre-Dame du Charmaix est une *pierre précieuse* parmi les monuments archéologiques de mon diocèse, qu'il faut conserver avec le plus grand soin. C'est une terre sainte, où la glorieuse Vierge Marie s'est plue à répandre ses faveurs et à faire éclater sa puissance. Votre ouvrage répond aux désirs du grand pape Léon XIII, qui a déjà tant fait pour fortifier et étendre la dévotion en la Mère de Dieu et des hommes. Puissiez-vous ramener la confiance et la piété des catholiques, faire revivre les anciens pèlerinages, et amener des foules remplies de foi au sanctuaire de la divine Vierge du Charmaix!

Veuillez agréer, Monsieur l'Archiprêtre, l'assurance des sentiments respectueux et dévoués de votre très humble serviteur.

† MICHEL,
Evêque de Maurienne.

AVANT-PROPOS DE LA PREMIÈRE ÉDITION

Parmi les oratoires et les sanctuaires si nombreux que la religieuse Savoie a érigés en l'honneur de Marie, l'un des plus remarquables, non pas sans doute par les proportions et la beauté de l'édifice, mais par son antiquité, sa position et les merveilles qui s'y sont opérées, est assurément la chapelle du Charmaix, dont nous donnons ici l'histoire.

Trois ouvrages ont été déjà publiés sur cette chapelle. Le premier est celui du docteur Bertrand, médecin de Saint-Jean-de-Maurienne, édité en 1623. Il nous apprend qu'il avait près de quatre-vingts ans quand il publia son histoire intitulée : *Diva Virgo Charmensis,* sur l'invitation du duc de Savoie, comme nous dirons plus tard. Il voulait aussi par là témoigner sa reconnaissance envers N.-D. du Charmaix pour les faveurs innombrables qu'il déclare en avoir reçues.

L'auteur commence par une dédicace au prince Maurice de Savoie, cardinal de l'Eglise romaine ; il fait ensuite plusieurs prologues sur la topographie des lieux et les mœurs des habitants de la Maurienne : sujet qui ne manque pas d'intérêt, mais qui s'écarte un peu trop du but et semble nuire à l'unité de l'ouvrage. Il raconte enfin ce qu'il a vu par lui-même et ce qu'il a pu recueillir de plus certain sur la Vierge et la chapelle du Charmaix, et les merveilles qui s'y sont opérées.

La *Diva Virgo Charmensis* est la source où sont

allés puiser ceux qui ont voulu traiter le même sujet après le docteur Bertrand, et c'est à lui que nous empruntons, au moins pour le fond, les récits qui feront la matière de cette notice. Cet ouvrage est certainement très précieux pour les documents qu'il renferme, mais outre qu'il est trop diffus, il est écrit en latin et devient inutile pour le grand nombre des lecteurs.

Quelques années plus tard, le Révérend Père d'Orly, capucin du couvent de Saint-Jean-de-Maurienne, publiait sur la chapelle du Charmaix un nouvel ouvrage intitulé : *Les Merveilles de Notre-Dame du Charmaix.* Ce n'est guère, pour le fond, qu'une répétition de la *Diva Virgo Charmensis*. Il est précédé d'une dédicace à l'adresse du Bienheureux Amédée de Savoie, où il exalte en termes pompeux ses vertus en général et spécialement son amour pour les pauvres et sa dévotion singulière envers la Sainte Vierge. L'auteur établit ensuite la légitimité du culte rendu aux images et aux statues des Saints par l'exposé des preuves irrécusables sur lesquelles est basée la doctrine de l'Eglise catholique à cet égard.

Le corps de l'ouvrage est divisé en trente-deux chapitres correspondant à autant de merveilles opérées par N.-D. du Charmaix. L'historique de la statue et de la chapelle se trouvent mélangés çà et là dans le récit de ces merveilles. Cette méthode a peut-être bien l'avantage de mieux exciter l'attention du lecteur par les traits édifiants qui se déroulent successivement sous ses yeux ; mais aussi il a l'inconvénient de lui cacher le fil de l'histoire qu'il a peine à saisir à travers tous ces récits très souvent encore interrompus par des digressions, dont l'auteur nous a paru trop prodigue. Au surplus, ces merveilles du Charmaix sont écrites en vieux français difficile à comprendre, et dans un style tellement ampoulé qu'il peut assez facilement prêter au ridicule.

Nous devons observer aussi que les exemplaires des ouvrages du docteur Bertrand et du Père d'Orly sont devenus très rares et qu'il serait peut-être impossible d'en retrouver d'autres que ceux que nous possédons.

Enfin, le troisième ouvrage sur le même sujet est celui de M. Angley, chanoine de la cathédrale de Saint-Jean-de-Maurienne, paru en 1843, sous le titre de *Pèlerinage à Notre-Dame du Charmaix*. Il est divisé en trois parties bien distinctes. La première partie contient un précis historique très abrégé de la statue et de la chapelle du Charmaix. Dans la deuxième partie, composée de seize chapitres, l'auteur s'efforce d'exciter la confiance envers Marie par autant de considérations pieuses sur ses privilèges, faisant suivre chacune de ces méditations d'un exemple ou récit d'un miracle obtenu par l'invocation de N.-D. du Charmaix. La troisième partie consiste dans une neuvaine en l'honneur de la Sainte Vierge. L'auteur y propose pour chaque jour une considération sur les principales vertus de Marie, suivie d'une pratique pieuse et d'une prière.

Tout, dans cette brochure, respire l'esprit de foi et de tendre dévotion envers la Sainte Vierge. Mais la partie historique nous paraît absolument trop restreinte; il n'y est fait aucune mention des détails si intéressants conservés par la tradition et les écrits du docteur Bertrand et du Père d'Orly sur l'origine de la Vierge et de la chapelle du Charmaix, sur les causes de sa situation vraiment anormale, et sur les différentes phases qu'elle a subies à travers les siècles. Il nous semble aussi que l'auteur a trop cédé au système du jour, en élagant de son histoire ce qui ressent le surnaturel et le merveilleux, si propres néanmoins à réveiller parmi nous l'esprit de foi et de religion.

On le voit, ce n'est pas précisément une notice nouvelle que nous donnons au public ; nous avons voulu simplement compiler et coordonner ce qui a été écrit sur la chapelle du Charmaix, en ajoutant quelques détails qui nous ont paru dignes de l'attention du lecteur. Nous avons emprunté la plupart des documents au docteur Bertrand et au Père d'Orly, supprimant ce qui, dans leurs ouvrages, nous a paru étranger au sujet, ajoutant ce qui peut offrir quelque intérêt, depuis le temps où vivaient ces deux auteurs jusqu'à nos jours. Nous avons tenu surtout à présenter les faits dans leur naïve simplicité, avec cette auréole de merveilleux dont les a entourés la légende ou la tradition populaire, laissant au lecteur le soin de juger par lui-même et de retrancher ce qui lui paraîtrait exagéré.

Daigne la Vierge du Charmaix agréer ce travail comme un faible hommage de notre dévotion et de notre reconnaissance envers elle ! Et puisse cette notice avoir sa petite place parmi les œuvres consacrées à la gloire de Marie !

UN MOT SUR CETTE NOUVELLE ÉDITION

L'histoire du pèlerinage du Charmaix que nous avons publiée en 1877, ayant été favorablement accueillie du public, les exemplaires se trouvent épuisés et nous en donnons aujourd'hui une nouvelle édition revue et augmentée. Nous avons été puissamment aidé pour ce nouveau travail par le concours dévoué de M. le chanoine Truchet. Grâce à ses patientes recherches, il a pu nous fournir plusieurs documents inédits d'un grand intérêt. Mais nous pensons que ces détails scientifiques ne seraient peut-être pas goûtés de la plupart des lecteurs, et comme nous écrivons plutôt pour l'édification des fidèles que pour la satisfaction des érudits, nous avons jugé qu'au lieu de les insérer dans le corps de l'ouvrage, il serait mieux de les reproduire dans des notes à la fin du volume. Ainsi chacun sera libre de les consulter, s'il lui plaît, ou de continuer la lecture sans interrompre le fil de la narration.

HISTOIRE DU PÈLERINAGE

DE

NOTRE-DAME DU CHARMAIX

PAROISSE DE MODANE

CHAPITRE PREMIER.

Le Charmaix.

Dans une gorge étroite et sombre de la Maurienne, à quelques centaines de mètres au-dessus du grand tunnel des Alpes, qui relie aujourd'hui la France à l'Italie, s'élève un sanctuaire simple dans sa construction, mais célèbre par son antiquité, célèbre surtout par la vénération des fidèles et par les faveurs extraordinaires qu'ils y obtiennent.

Ce monument religieux, situé sur le territoire de la paroisse de Modane, au bord du chemin qui conduit à Bardonèche, de l'autre côté de la montagne traversée par le tunnel, est dédié à la Sainte Vierge sous le vocable de Notre-Dame du Charmaix.

On y arrive des deux points opposés de la vallée de la Maurienne. Du côté occidental, en partant de la paroisse des Fourneaux, on rencontre d'abord un chemin large et carrossable conduisant jusqu'à l'ouverture du tunnel; mais à partir de ce point, ce n'est plus qu'un sentier étroit et scabreux qui vient rejoindre le chemin de Modane à quelques centaines de mètres au-dessous de la chapelle. C'est le chemin ordinaire du Charmaix : il part du bourg de Modane, à l'orient de la vallée, et aboutit directement à l'entrée même de la chapelle. Ce chemin, assez spacieux mais coupé de loin en loin par plusieurs ravins, se prolonge d'abord à travers les champs, puis il s'enfonce insensiblement dans une belle forêt de sapins qui prête au pèlerin son doux ombrage et l'invite au recueillement et à la prière.

Ces dispositions saintes sont encore excitées en lui par les quinze petits oratoires élevés le long de la route. Par quelque chemin qu'il arrive à Modane, le voyageur ne peut manquer de les apercevoir, les uns isolés aux bords des prairies ou des champs, les autres se dessinant en partie à travers les massifs de la forêt. Ce sont de simples piliers en maçonnerie ou en pierres de taille, ceux-ci de construction toute récente, avec un enfoncement en forme de niche, où est représenté, sur la toile, la pierre ou le bois, un des quinze mystères du Rosaire.

Les personnes pieuses qui ont suivi durant une heure et demie cette *voie sacrée* peuvent dire les douces émotions que l'on éprouve en présence de ces monuments, parfois un peu grossiers, mais toujours éloquents pour l'âme chrétienne. Quel ample aliment pour la piété du pèlerin et quel saint délassement à ses fatigues, que ces souvenirs toujours renouvelés des joies, des douleurs et des gloires de Marie ! Images frappantes des peines et des consolations qui partagent ici-bas la vie du chrétien, en attendant les récompenses ineffables que Dieu lui réserve au terme de sa carrière.

Nous ne saurions dire l'époque précise de l'érection des oratoires du Charmaix. Il ne paraît pas qu'il en ait été construit avant la révolution. Du moins, il n'en est fait mention nulle part. Dans la gravure placée en tête de la *Diva Virgo Charmensis*, de Bertrand, reproduisant la chapelle et ses avenues, nous remarquons seulement quelques croix plantées de loin en loin, mais aucun oratoire. Des renseignements que nous avons pu recueillir, il nous paraît résulter évidemment que les oratoires n'ont été construits qu'au sortir de la révolution, à l'époque de la restauration de la chapelle; encore ne le furent-ils pas tous à la fois, mais successivement, par la générosité de plusieurs habitants de Modane, entr'autres du nommé Jean-Baptiste Favrin, qui fournit à la dépense de cinq de ces oratoires.

Après s'être ainsi avancé pendant une heure et demie dans la solitude, partagé entre les réflexions pieuses et la contemplation des sites charmants qui se déroulent à ses yeux à mesure qu'il gravit la montagne, le pèlerin se trouve tout à coup transporté dans une gorge profonde, son œil n'a plus en perspective que le ciel qui apparaît à travers les nuages dont la présence est presque habituelle dans ces lieux froids et humides. De quelque côté qu'il se tourne, sa vue est arrêtée par des rochers escarpés, d'où s'élancent des arbres séculaires, ici penchés vers l'abîme, là se dressant parallèlement à la montagne. Il n'entend plus que le bruit du torrent qui mugit sourdement à ses pieds. Devant lui, c'est un pont étroit suspendu au-dessus de l'abîme. En face, à l'autre extrémité du pont, c'est la chapelle du Charmaix, avec ses vieilles murailles soutenues par des piliers solides dont la base va se perdre dans les eaux du torrent. Celui qui voit le Charmaix pour la première fois reste extasié devant ces beautés simples et austères que la nature et la main de l'homme se sont plues à réunir en ce lieu. Cette première impression devient plus vive encore lorsqu'après avoir traversé le pont, il aperçoit l'intérieur de la chapelle dans son ensemble et sa gracieuse simplicité, à travers la grille en fer qui en ferme l'entrée. Là, apparaissent à la fois et cette antique statue de la Vierge, si simple dans sa structure et si merveilleuse dans son origine et sa conservation à travers les siècles, et ces *ex-voto* de tout genre appendus aux parois de la chapelle : monuments naïfs et éloquents de la dévotion et de la reconnaissance des fidèles envers la Vierge du Charmaix. A cette vue, le chrétien le plus indifférent perçoit en quelque sorte la sensation du surnaturel, il comprend que Marie a dû choisir ces lieux solitaires pour accueillir ses enfants et leur distribuer ses faveurs, il est saisi d'un charme indicible et tout divin.

Le Charmaix! comme ce nom convient admirablement à ce lieu enchanteur, et comme il exprime bien les sentiments qu'il fait éprouver!

Il est employé indifféremment pour désigner la chapelle et la montagne sur laquelle elle est située. Mais à laquelle des deux a appartenu primitivement cette dénomination commune aujourd'hui? C'est ce que nous ne saurions définir. Si nous avons égard aux beautés naturelles du site, nous sommes amenés à conclure que le nom de Charmaix vient de la montagne, du charme qu'elle fait éprouver à celui qui la visite. Cependant il est une version qui assigne à cette dénomination une origine toute différente, la faisant dériver d'un trait merveilleux attribué à la Vierge du Charmaix.

Bertrand, dans sa *Diva Virgo Charmensis,* cite une ancienne tradition admise de son temps et attestée par un notaire Broncin, à laquelle, selon quelques-uns, se rattacherait l'origine du nom de Charmaix. Dans les fréquentes invasions militaires dont la Maurienne fut le théâtre et la victime à cause de sa situation entre la France et l'Italie, les habitants de Modane, pour se soustraire aux mauvais traitements de l'ennemi, prirent quelque fois le parti de s'enfuir et de chercher un refuge dans la forêt du Charmaix. Il arriva que les soldats, trouvant le bourg abandonné, essayèrent de les poursuivre dans leur asile pour s'emparer de leurs provisions. Mais ce fut toujours en vain : quelque sentier qu'ils prissent, lorsqu'ils arrivaient aux abords de la chapelle, ils se sentaient attirés et comme *charmés* par une force invisible. Jamais ils ne parvinrent à franchir la limite que la Sainte Vierge leur avait tracée de manière à les mettre dans l'impossibilité de nuire à ceux qui s'étaient réfugiés vers elle en toute confiance.

De là le nom de Charmaix, lieu *des charmes*, qui aurait été donné à la chapelle et par extension à toute la montagne.

Quoiqu'il en soit, jamais dénomination ne fut plus juste ni mieux appropriée à son sujet.

CHAPITRE II.

La Statue Miraculeuse.

L'origine du pèlerinage du Charmaix est nécessairement liée à celle de la statue miraculeuse qui en est l'objet. Cette petite statue, haute de vingt-cinq à trente centimètres, est d'un marbre blanc assez grossièrement travaillé et recouvert d'une teinte noirâtre. La Vierge est représentée tenant l'Enfant Jésus dans ses bras. Elle n'a d'autre mérite que celui de l'antiquité et de la vénération que les fidèles lui ont vouée depuis les siècles les plus reculés pour les faveurs de tout genre que Dieu attache à son invocation. Le docteur Bertrand assure, d'après le dire des personnes qui ont pu établir la comparaison, que la statue du Charmaix est entièrement semblable à celle que l'on voit dans le célèbre sanctuaire de Lorette; et nous avons constaté nous-même cette similitude avec celles de Fourvière et de Myans. Mais à quelle époque remonte cette statue, ou du moins, sa présence dans le lieu où nous la vénérons aujourd'hui? C'est un point d'histoire qui se perd dans la nuit des temps et que nous ne pouvons essayer d'établir que sur des conjectures plus ou moins probables.

Le docteur Bertrand, qui écrivait au commencement du XVIIe siècle, d'après les traditions populaires alors généralement admises, la plus ancienne notice que nous possédions sur le Charmaix, ne craint pas de faire remonter l'origine de la Vierge miraculeuse jusqu'au IIe siècle de l'ère chrétienne, c'est-à-dire, à l'époque où, suivant plusieurs graves auteurs, l'Evangile aurait été connu dans une grande partie des Gaules (1). Cependant, ajoute cet auteur, si l'on trouve cette date trop reculée, du moins, on peut croire sans témérité que la statue du Charmaix fut apportée dans ces lieux *dans la première moitié du Ve siècle,* époque à laquelle le royaume de Bourgogne, dont la Savoie faisait alors partie, se trouvait tout entier converti au christianisme.

Il est vrai que le docteur Bertrand n'apporte pas les preuves de son assertion. Mais, d'abord, nous dirons qu'elle est appuyée sur la tradition populaire, tradition résumée dans ces vers du Père d'Orly dans son ouvrage intitulé : *Les Merveilles de Notre-Dame du Charmaix.*

On croit que les Martyrs, conduits en esclavage,
En ces mornes pays, posèrent cette image ;
Que, n'osant l'exposer aux hommes trop pervers,
La posèrent jadis en ces moites rochers.

Evidemment, il ne peut s'agir ici que des premiers chrétiens jetés en exil, ou venant d'eux-mêmes chercher un refuge dans nos montagnes contre la persécution des empereurs romains.

(1) C'est aussi l'opinion du Père d'Orly. *Merveilles*, pag. 24.

Au surplus, nous l'avons observé, en examinant la statue du Charmaix au point de vue archéologique, nous la trouvons en tout point entièrement semblable à celles de la plupart des anciens sanctuaires, dont l'origine, également inconnue, est attribuée aux premiers temps du christianisme.

Nous pensons donc que l'on peut, sans témérité, conjecturer que la Vierge du Charmaix a pu être apportée dans nos contrées par ceux-là même qui sont venus les premiers y prêcher la bonne nouvelle de l'Evangile.

Aujourd'hui, lorsque le prêtre catholique s'arrache à tout ce qu'il a de plus cher en ce monde, pour aller au-delà des mers, évangéliser les peuples qui dorment à l'ombre de la mort, oublie-t-il jamais d'emporter avec lui l'image de Celle qui fut prédestinée à écraser la tête du serpent? Son premier soin en arrivant dans le lieu de son apostolat sera de déposer cette image dans l'asile secret qui devra lui servir d'oratoire, où il viendra se délasser dans la prière et confier à Dieu ses craintes et ses espérances. Ne devons-nous pas supposer *le même sentiment*, je dirai presque, *le même instinct religieux* chez les premiers apôtres de nos vallées? Ces hommes pleins de foi et si rapprochés encore des sources du christianisme avaient compris déjà la belle pensée de saint Bernard, que Dieu ne change pas l'ordre des choses qu'il a une fois établi; qu'ayant résolu de toute éternité de nous donner son Fils par Marie, il veut que ce soit par Marie que ce Fils bien-aimé soit connu et adoré des hommes. Ils savaient aussi que Marie est la femme annoncée à nos premiers parents comme devant un jour terrasser le séducteur sur tous les points du globe où il avait établi son empire. Il nous est donc permis de penser qu'ils n'auront point agi autrement que les missionnaires de nos jours; qu'en arrivant dans nos contrées, eux aussi étaient munis de la croix et de l'image de Marie qu'ils ont déposés dans un lieu solitaire, témoin du premier sacrifice offert à Dieu dans notre pays et visité chaque jour par ces hommes apostoliques qui venaient puiser aux pieds de la Vierge leur force et leur consolation. Et maintenant, si nous avons égard aux miracles par lesquels Marie se plaisait à manifester sa volonté d'être honorée dans cette solitude, n'aurons-nous pas une raison plus que suffisante de cette dévotion antique et toujours vivante de nos populations envers la Vierge du Charmaix? Dès lors encore, il sera aisé de comprendre que les familles qui peuplaient la montagne du Charmaix et ses environs se soient regardées comme le peuple privilégié de Marie. Aussi, lorsque plus tard, ces familles voulurent se former en paroisse, elles eurent soin de dédier leur église à la Sainte Vierge sous le vocable de l'Assomption. Elles firent plus encore, pour laisser aux générations les plus reculées un témoignage toujours vivant de leur amour et de leur dévotion pour Marie, elles donnèrent à leur paroisse un nom qui est l'expression même de ces sentiments envers elle. En effet, suivant le docteur Bertrand, le nom de Modane, ou *Amodane,* comme on lit dans les titres avant le XIXe siècle, dérive des deux mots latins : *Amo Dominam, j'aime la Dame* par excellence.

Puissent les habitants de Modane ne jamais dégénérer des sentiments de leurs ancêtres envers leur glorieuse patronne!

On ne manquera pas ici d'objecter que tout ce que nous disons sur l'origine de la Vierge du Charmaix ne repose que sur des conjectures; nous avons répondu déjà que ces conjectures reposent sur des traditions constantes et dignes de respect. Et puis, en fait d'histoire, quand on manque de documents certains, la plus rigoureuse critique ne défend point d'avoir recours aux probabilités, pourvu qu'on les donne comme telles, et personne ne pourra contester que celles que nous avons invoquées ne soient les plus naturelles et les plus vraisemblables. Que ceux qui ne seraient pas satisfaits de nos preuves veuillent bien nous donner une explication plus certaine de l'origine d'une statue aussi merveilleuse et d'un sanctuaire aussi vénéré dans ce site sauvage et presque inaccessible ; nous l'accueillerons avec empressement et reconnaissance. En attendant, nous pensons que l'on peut sans témérité s'arrêter à celle que nous donnons ici.

Toutefois, si nous avons quelque difficulté à établir d'une manière précise l'origine de la statue et du pèlerinage du Charmaix, il est certain qu'elle remonte aux temps les plus reculés. Ici, nous sortons du champ des conjectures pour entrer dans celui des faits et des preuves certaines.

Lorsque, il y a plus deux siècles, le docteur Bertrand écrivait son histoire de Notre-Dame du Charmaix, il affirmait, d'après la tradition universellement admise à Modane et dans toute la Maurienne, que cette Vierge était visitée et honorée depuis plus de trois cents ans dans la grotte où elle était alors déposée. *Aussi loin que nous puissions remonter dans l'antiquité,* dit le même auteur, *tous nous affirment qu'ils ont reçu de leurs ancêtres, de génération en génération, que toujours on est allé vénérer Marie dans ce lieu béni avec le même empressement, la même confiance et la même efficacité.*

En 1435, le cardinal Hugues de Chypres, pour exciter la piété des fidèles à l'ornementation de l'oratoire du Charmaix et à la reconstruction du pont qui y aboutit, accordait cent jours d'indulgence aux fidèles qui auraient contribué à cette bonne œuvre, ajoutant dans son décret *que des miracles nombreux s'opéraient dans cet oratoire, depuis les temps les plus anciens : peranti-*

quis temporibus. En 1447, le cardinal de La Roche-Taillée, archevêque de Rouen, accordait la même faveur aux fidèles, déclarant qu'il avait sous les yeux les diplômes de deux évêques de Maurienne qui avaient attaché des privilèges du même genre à la visite de ce sanctuaire.

Par tous ces témoignages incontestables, nous sommes forcément amenés à conclure que, si l'on ne peut prouver d'une manière certaine que la Vierge du Charmaix date des premiers siècles du christianisme, son origine, du moins, remonte à la plus haute antiquité.

Mais, d'où vient-elle, quel est celui qui l'apporta dans nos contrées et la plaça primitivement dans le lieu où nous la vénérons aujourd'hui ? C'est ce que nul n'a pu nous dire jusqu'à ce jour. N'en soyons pas trop surpris, c'est le propre des œuvres divines et merveilleuses de n'apparaître qu'à travers les ombres du mystère (1).

(1) On prétend généralement que l'origine des *statues* ou *vierges noires* ne remonte pas au-delà du temps des Croisades. Nous prouvons le contraire. Après le concile de Clermont, tenu à la fin du XIe siècle, par le Pape Urbain II, pour prêcher la première croisade, ce grand Pontife, ayant consacré le samedi au culte de la Sainte Vierge, célébra le samedi suivant, pour la première fois, la messe *de Beata* dans l'église du Port, devant la statue miraculeuse dont l'origine remonte à saint Avit, évêque de Clermont, au VIe siècle. C'est *une Vierge noire*, assise, tenant l'Enfant Jésus dans ses bras (en tout semblable à celle du Charmaix). Elle subsiste encore, et, le 20 juin 1875, S. S. le Pape Pie IX lui a fait décerner les honneurs d'un couronnement solennel. (Darras, *Histoire générale de l'Eglise*, tom. XXIII, pag. 281.)

CHAPITRE III.

La Chapelle.

Quelque modeste que soit aujourd'hui la chapelle du Charmaix, il est certain néanmoins qu'elle l'emporte de beaucoup sur la construction primitivement destinée à abriter la Vierge miraculeuse. Ce ne fut d'abord qu'un simple pilier en maçonnerie, vulgairement appelé oratoire, assez semblable à ceux que nous voyons au bord du chemin du Charmaix. Peut-être même, pourrions-nous dire que la statue fut déposée d'abord sous l'avancement de rocher, espèce de caverne où se trouve actuellement la chapelle. La forme de ce rocher, avec ses anfractuosités, se prêtait à cette combinaison, et c'est ce qui paraît résulter des termes *antrum, spelunca* employés par le docteur Bertrand pour désigner le premier asile du dépôt sacré.

Ajoutons que ceci pourrait nous donner l'explication tout-à-fait naturelle de l'idée vraiment étrange de la construction d'une chapelle dans un local aussi restreint et aussi incommode.

Les guérisons merveilleuses, les faveurs de tout genre, obtenues à l'intercession de la Sainte Vierge sous le titre de Notre-Dame du Charmaix, devenaient si nombreuses et si fréquentes, que l'on voyait accourir vers elle des multitudes de personnes venant de tous les points de la Savoie, du Piémont et du Briançonnais. Aussi, en 1401, Michel Falquet, de Modane, fit-il construire une chapelle, à la place du misérable oratoire qui, depuis bien des siècles, abritait la statue de la Mère de toutes grâces ; l'acte de fondation est du 30 juin. Malheureusement, cet acte a disparu. Les documents des archives paroissiales qui le mentionnent, ajoutent qu'en cette même année 1401 et ensuite en 1424, l'évêque de Maurienne encouragea la pieuse entreprise par des indulgences qui, plus tard, furent étendues par plusieurs cardinaux. Nous n'avons pu contrôler cette assertion, les archives ne contenant, en fait de concessions d'indulgences, que des titres qui concernent l'église paroissiale de Modane, et où il n'est pas question de Notre-Dame du Charmaix.

Ces documents nous révèlent, relativement aux origines de la chapelle, des faits mieux établis, où se montre l'antique dévotion des habitants de Modane pour la chapelle de leur Dame. A l'époque même de la construction de la chapelle de Michel Falquet, la commune céda spontanément le terrain nécessaire et fit faire un pont sur le torrent qui passe tout près. Plus tard, à une époque qui n'est pas indiquée, les habitants rebâtirent la chapelle *en meilleure estoffe,* avec un auvent pour abriter les pèlerins, l'embellirent le mieux qu'ils purent et pourvurent à son entretien jusqu'à ce que, par un acte du 23 avril 1626, dont nous parlerons plus loin, ils lui assurèrent une dotation fixe.

Il faut conter ici un évènement extraordinaire qui est relaté dans le livre du docteur Bertrand. Seulement, il ne dit pas s'il eut lieu avant la construction de la première chapelle par Michel Falquet, ou avant la reconstruction faite par la commune.

Les habitants de Modane, dit-il, considérant la sévérité du site où se trouvait l'image vénérée, le long et pénible trajet qu'il fallait parcourir pour y arriver de Modane, et même les dangers que pouvaient courir les visiteurs dans la mauvaise saison et aux jours de grande affluence, formèrent le projet de la transporter en un lieu plus spacieux et plus facilement accessible. Ils résolurent d'abord de la placer dans l'église paroissiale, pensant que la présence d'un gage si précieux au milieu de leurs habitations, leur serait une source toujours ouverte de grâces et de bénédictions de tout genre. La translation se fit avec toute la solennité possible. La population entière se rendit en procession à l'oratoire du Charmaix et l'on revint portant en triomphe la Vierge miraculeuse qui fut déposée sur l'autel principal de l'église. On se sépara dans les sentiments de la plus douce joie pour la précieuse conquête que l'on croyait irrévocable, chacun se promettant de revenir bientôt visiter sa puissante patronne. Mais cette joie ne devait pas durer longtemps : lorsque le lendemain on se rendit à l'église pour saluer l'hôte chérie, elle avait disparu, elle avait repris le chemin de la grotte antique et solitaire qu'elle s'était choisie autrefois.

Comment s'était faite cette réinstallation? Faut-il l'attribuer à une cause purement naturelle et supposer qu'un mécontent ait profité de la nuit pour reporter secrètement la statue dans le lieu où il s'était plu à la vénérer dès son enfance? Ou bien, devons-nous voir ici l'effet d'un prodige? C'est une décision que nous abandonnons à la libre appréciation du lecteur. La tradition locale est pour le merveilleux, et le docteur Bertrand ne craint pas de l'affirmer, en disant que la Vierge fut rapportée dans son antre par l'ordre de Dieu : « *Nutu divino in antrum mox relatam.* »

Les habitants de Modane ne voulurent pas renoncer absolument à leur projet. Voyant qu'ils ne pouvaient avoir dans leur église celle qu'ils regardaient à juste titre comme leur patronne et la gardienne de leur paroisse, ils voulurent du moins la voir dans un lieu plus rapproché et plus commode; ils choisirent donc sur les bords de la route du Charmaix, à six stades de la grotte, un local qu'ils jugèrent propice pour l'érection d'une chapelle (1). Aussitôt on se mit à l'œuvre avec une

(1) On aperçoit encore aujourd'hui, un peu au-dessous du sen-

ardeur toute sainte. Tous les matériaux nécessaires furent bientôt amenés sur les lieux. Afin d'exciter toujours davantage le zèle des ouvriers, la statue fut placée sur le chantier même, comme pour leur rappeler sans cesse la noble fin pour laquelle ils travaillaient. Mais, nouvelle déception ! Durant la nuit qui suivit le jour où commencèrent les travaux de construction, la statue était retournée à sa première demeure, emportant avec elle une partie des matériaux.

Etonnés, mais non déconcertés, les habitants de Modane voulurent rapporter la statue dans le lieu qu'ils lui destinaient. Mais ce fut en vain : elle disparut une seconde fois, et le lendemain on la retrouvait dans sa première demeure qu'elle s'obstinait à ne pas abandonner. Les ouvriers s'obstinent de leur côté; une troisième fois ils rapportent la statue sur le chantier, et une troisième fois encore elle disparaît pour retourner à la grotte.

En présence de ces faits étranges, on voulut en savoir la vraie cause : un ouvrier s'offrit à monter la garde durant la nuit afin de s'assurer par lui-même de la manière dont la statue et les matériaux étaient enlevés. Il se couche sur une poutre et fait vœu de ne pas abandonner le poste avant le retour de ses compagnons, à l'aurore du lendemain. Il tint parole et ne s'éloigna pas un instant. Mais, vers minuit, il se vit lui-même transporté dans la grotte avec la poutre qui lui servait de lit.

Fait merveilleux et vraiment incroyable, s'écrie ici le docteur Bertrand à qui nous empruntons ces détails, s'il n'était donné comme certain par la tradition cons-

tier dit : *Les Petits-Avantages*, les premières assises d'un édifice de forme religieuse ; on croit généralement que ce sont les vestiges de la chapelle que les habitants de Modane ont voulu construire en l'honneur de Notre-Dame du Charmaix.

tante fondée sur le témoignage unanime des habitants et spécialement des vieillards de Modane et des environs.

Il est bien entendu que nous ne prétendons pas attribuer à ce récit d'autre autorité que celle d'une simple légende populaire : nous avons voulu néanmoins le rapporter dans toute sa naïveté, pour faire voir que l'érection de la chapelle du Charmaix dans le site qu'elle occupe est due évidemment à la croyance à quelque fait merveilleux qui s'y serait passé.

Marie s'était donc prononcée : le Charmaix devenait pour toujours le lieu de sa résidence : c'est elle-même qui se l'est choisi, elle ne le quittera plus. *Hæc requies mea in sæculum sæculi, hic habitabo quoniam elegi eam.* Il fallait se rendre devant une volonté si formelle, et, de ce moment, il ne fut plus question de translation. On ne s'occupa plus que d'approprier la grotte et de l'orner autant que les circonstances pouvaient le permettre, tandis que les fidèles continuaient à s'y rendre avec une ferveur toujours croissante. Nous ne saurions déterminer le temps qui s'écoula depuis cette époque jusqu'à celle de la construction de la chapelle. Ce que nous savons, ainsi que nous l'avons avancé plus haut d'après des documents certains, c'est que celle-ci ne fut érigée qu'en 1401. Si nous devons juger ce premier édifice par ce qu'est aujourd'hui la chapelle après les améliorations successives qu'elle a reçues, nous sommes bien forcés de conclure que le premier monument élevé à la Vierge du Charmaix devait être assez chétif. Tel fut néanmoins l'état de la chapelle pendant plus de deux siècles, malgré la foi des fidèles et malgré leur empressement à venir vénérer la statue miraculeuse.

En voyant ces dispositions, nous ne pouvons nous expliquer ceci qu'en ayant égard à la pauvreté de nos populations, dans ces temps surtout où le défaut de commerce, l'absence de toute espèce d'industrie et les difficultés des communications ne leur permettaient d'autre ressource que celle de l'agriculture toujours si restreinte et si chanceuse dans nos régions alpestres.

Peut-être aussi a-t-il manqué un homme d'initiative pour réunir les efforts communs et les faire converger vers l'entreprise d'une bonne œuvre. Quoiqu'il en soit, ce ne fut qu'en 1665 que révérend Benoît Genin, prêtre de la paroisse de Sollières, premier recteur de la chapelle du Charmaix, commença à lui donner une forme un peu plus convenable par le prolongement de la voûte et l'adjonction d'une sacristie. Mais il était réservé à un prince de la Maison de Savoie de lui donner, sinon l'élégance et la beauté, du moins les proportions et la solidité qu'elle a aujourd'hui.

En 1715, Victor-Amédée Ier, ce même prince qui venait d'élever, au sommet des riantes collines de Superga près de Turin, la magnifique basilique de ce nom, voulut aussi témoigner sa dévotion envers la Sainte Vierge en faisant reconstruire, pour ainsi dire, son modeste sanctuaire du Charmaix. A cet effet, il chargea Palma, son intendant général en deçà des Alpes, de lui présenter un rapport sur l'état de la chapelle et les réparations qu'elle exigeait.

L'ingénieur Emmanuelli se rendit au Charmaix, accompagné du recteur et de Joseph-Dominique Martin, lieutenant du châtelain dans la mestralie de Modane. La chapelle presque tout entière menaçait ruine. Le pont de pierre ayant été miné à une époque qui n'est pas indiquée (probablement pendant les guerres de 1629 ou de 1690); le pilier plongeant dans le torrent et servant d'appui à la chapelle s'était affaissé; les murailles et les voûtes étaient en grande partie lézardées; les fondations, désagrégées; les pièces de bois qui y étaient enchâssées, pourries par l'infiltration des eaux le long du rocher incliné sur lequel la chapelle est assise. C'était une reconstruction partielle à faire, et elle était urgente.

L'adjudication des travaux eut lieu le 31 décembre 1715, à Chambéry, dans les bureaux de l'intendance générale, pour la somme de 4,475 florins, que le roi prit à sa charge. Mais, au cours de l'exécution, on constata la nécessité d'assez nombreuses réparations qui n'avaient pas été prévues par l'ingénieur Emmanuelli et dont l'état ne marque pas le prix. La chapelle ne fut terminée que dans l'automne de 1718.

Une plaque en marbre, placée au-dessus de l'entrée et portant gravées les armes de la Maison de Savoie, atteste encore aujourd'hui cet acte de piété et de munificence royales.

Depuis cette époque, rien ne montre que la chapelle ait subi des modifications essentielles. On se contenta de l'entretenir et de l'orner intérieurement comme nous dirons bientôt. Au moment où éclata dans notre pays la grande révolution française, on conçoit bien qu'un sanctuaire aussi renommé que celui dont nous parlons, ne pouvait manquer de devenir bientôt la proie de ses impies satellites. Aussitôt arrivés à Modane, ils se ruèrent sur la chapelle, pillant ou jetant aux flammes tout ce qui tomba sous leurs mains. Les autels, les ornements, les meubles, tout fut saccagé, et ce sanctuaire, tout recouvert naguère d'objets offerts par la pieuse libéralité des fidèles, ne fut plus qu'une masure abandonnée. Ici, le lecteur nous demande avec anxiété ce que devint la statue miraculeuse ; elle fut sauvée grâce à la sage prévoyance du nommé Joseph Bernard qui, voyant approcher l'orage, avait eu soin de l'enlever et de la cacher soigneusement dans sa maison, au quartier de Loutraz. Cependant, la tourmente révolutionnaire était calmée, la liberté avait été rendue à l'Eglise depuis plusieurs années, le culte public était rétabli par toute la France ;

on put s'occuper de relever de ses ruines l'antique chapelle du Charmaix. Il est à présumer que le défaut de ressources et la nécessité de subvenir au plus pressant furent cause qu'elle resta abandonnée jusqu'en 1808.

La paroisse de Modane était alors dirigée par révérend Sébastien Personnaz, ancien professeur de philosophie et chanoine de la cathédrale de Saint-Jean-de-Maurienne avant la suppression du diocèse par la révolution. Ce prêtre vénérable, décédé prévôt du Chapitre de la même cathédrale, après la restauration du diocèse de Maurienne, fit tout ce que lui permettaient alors les circonstances pour rétablir la chapelle dans un état convenable. Il érigea d'abord l'autel principal surmonté d'un rétable en bois peint, d'une simplicité bien voisine de la pauvreté. Il s'agissait ensuite d'y réinstaller la Vierge que l'impiété révolutionnaire en avait chassée depuis plus de quinze ans. On choisit pour cette cérémonie le 8 septembre de cette même année 1808, jour où l'Eglise célèbre la Nativité de la Sainte Vierge, fête patronale de la chapelle du Charmaix.

Dès avant l'aurore de ce jour impatiemment désiré, un immense concours des habitants de Modane et des paroisses de la Haute-Maurienne remplissait l'église et les lieux voisins. Bientôt, la foule se range en procession, on la voit s'avancer gravement vers la montagne sainte, conduite par son vénérable pasteur, qui ne voulut céder à personne l'honneur de porter la statue.

A dater de ce moment, les pèlerinages recommencèrent régulièrement, la sainte messe fut célébrée dans la chapelle presque tous les jours de la belle saison, et la fête patronale du 8 septembre, solennisée comme elle l'avait été de tout temps avant la révolution.

Cependant, la chapelle était restée à peu près dans le même état de dénûment : à part l'autel latéral érigé en 1850, grâce à la générosité de la marquise de Barol, de Turin, aucun embellissement, aucune réparation un peu importante n'avaient été faits jusqu'en 1855. Un autel principal, remarquable seulement, ainsi que nous l'avons vu, par son extrême simplicité, une table de communion en bois de sapin, grossièrement travaillée, quelques fleurs artificielles aux rétables des deux autels, quelques rares *ex-voto* attachés par la piété des fidèles aux parois humides et dégradées : tels avaient été jusque-là les seuls ornements du sanctuaire de Notre-Dame du Charmaix. La sacristie surtout était dans un délabrement complet. Ce petit appendice de la chapelle présentait dans toutes ses parties de larges et profondes lézardes et menaçait à chaque instant de s'écrouler. On ne pouvait s'aventurer dans ce réduit en forme de couloir sans craindre d'être entraîné par sa chute dans l'abîme au-dessus duquel on le voyait suspendu. L'événement ne tarda pas à justifier ces craintes.

C'était le 28 juin 1855, vers les sept heures du matin, Le vicaire de Modane venait de célébrer la sainte messe et de déposer les ornements sacrés à la sacristie. Il avait à peine quitté la chapelle qu'un bruit effroyable annonçait que la sacristie venait de rouler tout entière au fond du torrent. Par un effet vraiment providentiel, le marchepied était resté suspendu dans le vide au moyen d'une poutre transversale, retenue elle-même aux deux extrémités par un pan de muraille. Ainsi furent sauvés les deux calices en argent, les ornements et tout le mobilier de la sacristie. La population de Modane, toujours si profondément dévouée à la Vierge du Charmaix, se montra affectée de cet accident comme s'il se fût agi d'un malheur public. Il n'y eut qu'une voix pour demander que la sacristie fût rétablie aussitôt. Mais les frais devaient être relativement considérables et la chapelle était absolument sans ressource. On put néanmoins trouver un moyen de surmonter cette pénurie, grâce à la bonne volonté de tous. Il fut donc convenu entre le conseil de fabrique et celui de la commune que les habitants de Modane fourniraient le transport des matériaux et que la fabrique payerait toutes les autres dépenses. C'était l'époque de la belle saison, toujours si courte dans la gorge du Charmaix, la seule où l'on puisse exécuter les travaux de maçonnerie. On se mit donc immédiatement à l'œuvre, en commençant par tailler le rocher pour asseoir les fondations tandis que les hommes de bonne volonté amenaient les pierres et le sable extraits à deux kilomètres de la chapelle. Les assises sont prêtes, mais elles sont profondes et baignées par les eaux du torrent excessivement gonflé en ce moment par la fonte des neiges. Il faut descendre les pierres une à une, au moyen de cordes et avec des périls effrayants. Nous fûmes souvent témoin de cette opération et nous ne pouvions la voir sans trembler pour la vie des ouvriers. Mais c'était de braves gens à la foi robuste et naïve : nous travaillons sous les yeux de la Vierge du Charmaix, disaient-ils, ne craignez pas, il ne nous arrivera rien de fâcheux. Leur confiance ne fut pas trompée ; après trois mois de ces travaux périlleux nous fûmes heureux de n'avoir eu à constater le moindre accident (1).

Après cette œuvre essentielle de restauration, il fallait songer à l'établissement et à l'ornementation de la chapelle, il fallait avant tout remplacer l'autel construit provisoirement au sortir de la révolution par un autre autel un peu plus en rapport avec la célébrité du sanctuaire. Mais les ressources manquaient toujours. Cette

(1) Par une coïncidence remarquable, nous avons trouvé qu'un certain nombre de maçons qui travaillèrent à la reconstruction de la sacristie portaient les mêmes noms que ceux qui construisirent la chapelle en 1401, et qu'ils étaient de la même paroisse, du diocèse d'Aoste.

fois, le projet put être réalisé au moyen d'une souscription dont le montant dépassa en peu de temps la somme de 2000 fr. Les noms des souscripteurs sont conservés soigneusement dans un livre déposé aux pieds de la Vierge. En tête de la souscription, où l'obole du pauvre figure à côté de l'offrande du riche, nous trouvons les noms de Monseigneur Vibert, évêque du diocèse, de M. le Comte Pillet-Will, dont la générosité se faisait sentir à cette époque sur tous les points de la Savoie, et de M. Joseph-Alexandre Pilotaz, auteur de plusieurs fondations pieuses dans la paroisse.

La construction du nouvel autel fut confiée aux soins des frères Gilardi, sculpteurs distingués et très avantageusement connus dans toute la Savoie. Inauguré le jour de la fête patronale du 8 septembre 1860, l'autel fut béni ensuite solennellement par Monseigneur Vibert, le 23 juin 1861.

C'était bien l'époque la plus favorable pour une cérémonie de ce genre sur la montagne du Charmaix. En effet, ce site, toujours si charmant, présente alors un aspect vraiment enchanteur. Une douzaine de chalets habités par des familles avec leurs troupeaux ont transformé ce lieu ordinairement désert en un petit village vivant et animé. Le soleil répand partout ses rayons bienfaisants, jusque dans les recoins profonds où ils ne peuvent pénétrer dans les autres saisons, et vient tout vivifier de sa chaleur féconde. La végétation, restée à peu près stationnaire jusqu'à la fin du mois de mai, a pris en ce moment un essor merveilleux. Les prairies se sont couvertes de fleurs d'une variété infinie, d'innombrables arbrisseaux, sortant des fentes des rochers, ont partout remplacé les glaçons de l'hiver. C'est l'époque, en un mot, où la nature se montre au Charmaix dans toute sa splendeur.

La journée du 23 juin fut une des plus belles qu'il

nous ait été donné de contempler dans nos vallées. Lorsque, vers les quatre heures du matin, nous prîmes le chemin du Charmaix, un soleil splendide avait commencé déjà à répandre sur tout l'horizon ses rayons dorés; pas un nuage qui vînt obscurcir la beauté du ciel, pas le moindre souffle de ces vents importuns, si fréquents dans nos montagnes. Il n'y eut pas de procession, mais une affluence considérable de pieux fidèles, venus des paroisses voisines, formait avec la population de Modane des groupes silencieux et recueillis disséminés sur tout le parcours. C'est ainsi que nous gravîmes la montagne sous le charme des plus douces émotions.

Arrivé en face de la chapelle, sur la petite esplanade située en avant du pont, Monseigneur fut reçu et complimenté de la manière la plus gracieuse par un chœur de jeunes filles des écoles, pendant que l'une d'entre elles lui présentait un bouquet de fleurs fraîchement cueillies dans la prairie voisine, symbole touchant de la pureté de la Reine des vierges. Le vénérable pontife entrait ensuite dans l'antique sanctuaire, visiblement impressionné par la vue de cet édifice si simple et pourtant si plein de souvenirs.

La chapelle fut loin de pouvoir contenir toute la pieuse assemblée; un grand nombre se réfugièrent sous le hangard au devant de la grille d'entrée, tandis que les autres stationnaient aux alentours; mais chez tous on voyait ce calme silencieux et grave que les fêtes religieuses seules savent faire régner même parmi les foules les plus nombreuses.

Après quelques instants de prière aux pieds de Marie, Monseigneur procéda à la bénédiction de l'autel suivant le rite si imposant du pontifical romain, et ensuite, à la cérémonie non moins belle du couronnement de la Vierge. De tout temps la statue du Charmaix avait été surmontée d'une couronne en métal plus ou moins précieux : il y avait trois mois, celle qu'elle portait avait été enlevée par des mains sacrilèges, ainsi qu'un riche calice en argent et plusieurs autres objets appartenant à la chapelle. Cette indigne profanation devait être réparée par une amende honorable solennelle. Déjà une procession avait été faite dans cette intention, au moment de la clôture d'une mission donnée à la paroisse de Modane. Ce n'était point assez ; il fallait que l'injure faite à la Vierge par les ravisseurs de sa couronne fût compensée par un acte directement opposé. Les prêtres du canton voulurent avoir le mérite de fournir un nouveau diadème bien plus beau que le premier, et l'évêque du diocèse, l'honneur de le bénir et de l'imposer. Le moment venu pour cette touchante cérémonie, ce même chœur de jeunes personnes qui avaient accueilli le prélat à son arrivée, se détacha de la foule et vint lui présenter la nouvelle couronne, portée sur un élégant plateau. Le pontife se tourne alors vers le peuple et, dans une courte allocution pleine d'onction, il exprime le bonheur qu'il ressent en venant couronner cette antique Vierge du Charmaix, qu'il désirait visiter depuis longtemps et qu'il lui était enfin donné de contempler en ce jour. Puis, il expose l'objet de cette cérémonie, montrant que Marie est bien la Reine du ciel et de la terre, et qu'à ce titre elle mérite tous nos hommages. Il termina en félicitant le pieux auditoire de sa dévotion et de sa confiance envers Notre-Dame du Charmaix, l'exhortant à persévérer dans ces heureuses dispositions, gage assuré de grâces et de bénédictions pour eux et pour leurs familles. Après ce discours, écouté avec la plus pieuse attention, le pontife procéda à la cérémonie du couronnement, et aussitôt, s'étant prosterné aux pieds de la Vierge avec un assez grand nombre de prêtres assistants, tous ensemble ils entonnèrent le chant de l'*Ave Maris stella,* auxquels se joignirent les cent voix des fidèles qui remplissaient la chapelle et ses abords.

Monseigneur célébra ensuite la sainte messe pendant laquelle le chœur des chanteuses de la paroisse fit entendre ses plus beaux cantiques en l'honneur de Marie.

Ainsi se termina cette belle fête, dont le charme semblait retenir longtemps après la cérémonie la foule pieuse, qu'on ne vit s'éloigner qu'insensiblement et comme à regret du sanctuaire chéri.

Depuis cette époque, il n'a été fait à la chapelle aucun travail bien important, mais chaque année elle a reçu quelques améliorations, et des sommes relativement importantes ont été employées, soit pour l'affranchir de l'humidité, soit pour lui donner cet air de propreté que nous lui voyons aujourd'hui. En 1868, nous faisions creuser le rocher auquel est adossée la chapelle dans sa partie occidentale, de manière à l'isoler de la montagne et à favoriser l'écoulement des eaux qui en dérivent, source continuelle de dégradations. En 1871, les murs extérieurs de la chapelle étaient recouverts d'un crépissage rustique lui donnant un aspect à la fois élégant et sévère, tout à fait en rapport avec le site. En même temps, la petite place au-devant de la grille, jusque-là toujours humide et boueuse, était recouverte par un dallage en pierres ; la grille elle-même a été solidement renforcée et la façade embellie par de grandes pierres de taille qui en forment la base.

La même année, nous établissions tout près de la chapelle un chalet où les pèlerins et les visiteurs seront toujours heureux de trouver un abri contre le mauvais temps et quelques rafraîchissements pour se restaurer sur la montagne.

CHAPITRE IV.

Administration de la Chapelle.

Jusqu'au XVIIe siècle, la chapelle du Charmaix ne posséda, en fait de revenus, que le produit des offrandes des fidèles, désireux de gagner les indulgences *(pardons)* accordées à ceux qui contribuaient à l'entretien du sanctuaire. Avant l'année 1580 et à teneur des titres mêmes de concessions des indulgences, les *procureurs des pies causes* percevaient ces offrandes. Sans doute ils devaient les employer exclusivement en faveur de la chapelle, mais les abus que l'on constate, à la même époque, dans les autres paroisses du diocèse, où l'administration des hôpitaux, des églises, des chapelles et des autres institutions religieuses ou charitables, si nombreuses en ce temps-là, était laissée, sans contrôle suffisant, aux mains des délégués appelés *procureurs des pies causes,* s'étaient aussi, paraît-il, glissés dans celle de Notre-Dame du Charmaix; les revenus en avaient été détournés de leur légitime destination. On en verra la preuve dans une note que l'on trouvera à la fin de cet ouvrage (NOTE I). Il suffit de dire ici que des mains des *procureurs* cette administration passa, en 1583, en celles du curé de la paroisse, dans la personne de Messire Barthélemy Sébastien; puis, en 1620, en celles de révérend Jean Armand, successeur de Barthélemy Sébastien, qui obtenait du Saint-Siège, à titre de bénéfice simple, la chapelle du Charmaix, avec les offrandes qui s'y faisaient, à charge naturellement d'entretenir la chapelle. Enfin, en 1625, le bénéfice du Charmaix fut disjoint de celui de la cure, et Messire Pierre Duverney, vicaire-général et official, nomma en qualité de bénéficier de la chapelle Benoît

Genin, de Sallières, auparavant bénéficier de la cathédrale et recteur de la chapelle du Saint-Sacrement, à Saint-Jean-de-Maurienne.

Messire Benoît Genin, au dire du Père d'Orly, son ami, avait été toute sa vie fort dévot à Notre-Dame du Charmaix, et c'est pour cela qu'il avait vivement souhaité d'être attaché à son service. Il s'y montra très zélé, entendant les confessions dans la chapelle, appelant des capucins de Saint-Jean pour prêcher aux principales fêtes de la Sainte Vierge et édifiant les pèlerins par sa modestie et sa piété. Les offrandes furent employées à meubler la chapelle qui était dépourvue de tout. Il acheta des calices, des lampes, des chasubles, du linge, etc. Le cardinal Maurice de Savoie lui ayant donné un bon de trente ducatons, il fit faire, par Jean Clapier, sculpteur de Lanslevillard, un soleil doré dans lequel il enchâssa la statue de la Vierge du Charmaix. Enfin il bâtit la sacristie et la maison dans laquelle les recteurs du Charmaix habitèrent pendant l'été, jusqu'à la révolution.

Benoît Genin se dévoua au service des pestiférés pendant la terrible année 1630; il fut atteint par le fléau et attribua sa guérison à Notre-Dame du Charmaix. Il testa à Modane, le 10 mars 1636, et eut soin d'énumérer dans son testament toutes les acquisitions qu'il avait faites pour la chapelle et les réparations qu'il y avait opérées, afin d'en faire une donation expresse et d'empêcher ses héritiers d'élever aucune réclamation.

A révérend Benoît Genin, succéda révérend Pierre Arnaud. Celui-ci voulut avoir pour lui et ses successeurs un logement à Modane, où ils pussent passer les mois d'hiver, et il s'adressa à Christine de France, mère et tutrice du duc Charles-Emmanuel II, qui, par patentes du 13 janvier 1639, fit donation d'une vieille tour et d'un jardin situés près de l'église. Ce bâtiment était en très mauvais état et presque en ruine. Révérend Armand l'ayant définitivement obtenu, non sans bien des difficultés, le releva et en fit l'habitation d'hiver du recteur du Charmaix (NOTE II).

Cet état de choses dura jusqu'en 1793. A cette époque néfaste, les biens formant le bénéfice du Charmaix subirent le sort commun de tous les biens ecclésiastiques en Savoie. Ils furent saisis par le gouvernement et vendus à vil prix. La chapelle, ainsi que nous l'avons dit, fut entièrement dévalisée; le dernier recteur, révérend Favier, fut obligé de fuir devant la persécution. Au sortir de la révolution, on retrouva quelques petits capitaux qui avaient pu être célés au fisc : ils furent dévolus à la fabrique de Modane, à la charge par cette administration de faire célébrer annuellement, à la chapelle du Charmaix, trois messes à l'intention des anciens fondateurs.

Nous avons dit que la chapelle avait été restaurée et rendue au culte en 1808. Depuis cette époque elle a fait partie du bénéfice-cure comme dans le principe; le curé de Modane en a seul l'administration, sous le contrôle de l'évêque du diocèse (NOTE III).

Malgré l'affluence relative des pèlerins, la chapelle du Charmaix ne possède pas, comme les sanctuaires de quelque renommée, de trésor ou dépôt de vases et d'objets précieux; un seul calice de bien petite valeur, quelques ornements très simples, mais tenus avec une propreté exquise par les sœurs de Saint-Joseph, de Modane, beaucoup de fleurs artificielles et quelques tableaux de mérite insignifiant : c'est toute la richesse de la chapelle. Encore, la plupart de ces objets sont-ils d'acquisition récente.

Deux raisons feront toujours obstacle à ce que le sanctuaire du Charmaix puisse posséder des objets de quelque richesse. La première, c'est la pauvreté des habitants de nos vallées, toujours riches des biens de la foi, mais généralement dénués des biens de la fortune. Il y a peu de personnes dans nos pays montagneux qui soient en état de faire des libéralités considérables, et l'obole du pauvre ou l'offrande de ceux qui jouissent de quelque aisance, sont chaque année amplement absorbées par les frais d'entretien de la chapelle. Une autre raison, c'est l'impossibilité de laisser déposé à la chapelle rien qui puisse exciter la cupidité des malfaiteurs dans ce lieu isolé et privé de toute surveillance.

C'est ce qui donne l'explication du petit nombre d'*ex-voto* de quelque prix dans ce sanctuaire si vénéré, où furent obtenues tant de faveurs extraordinaires. Les fidèles auraient-ils le pouvoir et la volonté d'y faire quelques riches offrandes, il serait souverainement téméraire de les y laisser, pour ne pas exposer la chapelle aux attaques sacrilèges des voleurs, comme il est arrivé si souvent, surtout dans ces dernières années pendant les travaux d'exécution du grand tunnel des Alpes (NOTE IV).

CHAPITRE V.

Concours et Pèlerinages à la Chapelle du Charmaix.

Les pèlerinages du Charmaix ont dû commencer avec le premier miracle qui s'est opéré dans ce lieu; dès que les fidèles eurent connaissance de la vertu extraordinaire attachée à l'invocation de la Vierge miraculeuse, ils ont dû accourir en foule pour la vénérer. « Tout ce qui nous reste de monuments antiques relativement au sujet qui nous occupe, dit M. le chanoine Angley, dans son pèlerinage à Notre-Dame du Charmaix, les diplômes d'indulgences accordées dans la première moitié du XVe siècle par les cardinaux de Chypre et de La Roche-Taillée, parlent formellement de la multitude des pèlerins qui visitaient la chapelle, attirés par le bruit des faveurs extraordinaires qui s'y obtenaient, spécialement depuis dix ans. *Ob miracula ibidem a decem annis proximè, ut dicitur, fluxis manifestè facta.* » A partir de cette époque le nombre des pèlerins alla toujours en augmentant. Au commencement du XVIIe siècle, leur concours était si considérable, ce que l'on racontait partout des miracles obtenus par l'intercession de Notre-Dame du Charmaix était si extraordinaire et tellement répandu, que le duc de Savoie, Charles-Emmanuel Ier, en ayant eu connaissance, voulut venir en personne visiter le sanctuaire vénéré. Le 26 août 1620, il se trouvait à Modane avec une suite nombreuse et gravissait avec elle la montagne du Charmaix. Après avoir assisté dévotement à la sainte messe et visité soigneusement la chapelle et ses pittoresques alentours, il voulut s'enquérir par lui-même de la vérité des faits dont il avait entendu le récit. Aux questions qu'il adressa aux assistants il fut répondu avec tant d'assurance et de précision, que le prince resta pleinement convaincu. En même temps, il exprima son étonnement que l'on n'eût pas consigné par écrit des faits de cette importance, pour en transmettre le souvenir à la postérité.

Ce fut à cette occasion que le médecin Bertrand, de Saint-Jean-de-Maurienne, pour satisfaire au vœu du prince, composa sa *Diva Virgo Charmensis* qu'il dédia au cardinal Maurice de Savoie, comme nous avons dit dans la préface de cet ouvrage. Nous croyons être agréable au lecteur en reproduisant ici un épisode emprunté à cet auteur et qui montre bien l'esprit d'équité de notre ancien souverain.

Un pauvre vieillard de Modane possédait un pré non

loin de la chapelle du Charmaix. Les gens de la suite du prince y installèrent leurs chevaux, et la récolte fut entièrement dévorée ou ravagée. A la vue de ce dégât, le bon vieux, désolé de la perte qu'il venait d'éprouver, s'adressa directement au duc de Savoie pour lui demander une indemnité. Celui-ci l'accueillit avec bonté, puis, ayant demandé au paysan le montant du dommage, celui-ci le lui fixa d'une manière raisonnable. Hé bien ! lui dit alors le prince, vous allez être satisfait, et se rappelant sans doute l'exemple de Zachée, il lui fit compter quatre fois le prix réclamé. Inutile de dire la joie du vieillard qui allait racontant sa bonne aventure à tous ceux qu'il rencontrait.

Revenons maintenant aux pèlerinages. Le Père d'Orly, dont nous avons parlé, dit quelque part dans son ouvrage, qu'aucun habitant de la Maurienne ne voulait, à cette époque de foi, finir sa vie sans avoir fait, au moins une fois, le pèlerinage du Charmaix. Cette affluence fut une des causes principales qui déterminèrent l'établissement d'un recteur avec charge de résidence durant la belle saison, afin de pouvoir entendre les confessions des pèlerins et leur faciliter l'assistance à la sainte messe. A certaines fêtes le concours des pieux fidèles était si grand, que le recteur ne pouvait plus suffire à leur dévotion et qu'il se voyait obligé d'appeler à son aide des prêtres étrangers, le plus souvent des capucins du couvent de Saint-Jean-de-Maurienne. On se rendait au Charmaix non seulement de la Maurienne et des autres provinces de la Savoie, mais aussi du Briançonnais, du Dauphiné, des vallées d'Oulx et de Bardonèche, de Suse et de tous les points du Piémont.

Les pèlerins étaient quelquefois si nombreux, que le Père d'Orly, qui sans doute les avait vus sur les lieux, nous dit en son style toujours ampoulé que c'était *un nombre sans nombre*. C'est ce qui arriva spécialement le dimanche de la Trinité de l'an 1628, à l'occasion du grand jubilé accordé par le pape Urbain VIII.

Monseigneur Philibert Milliet, évêque de Maurienne, disait déjà, dans le procès-verbal de sa visite de la chapelle le lundi 17 août 1609 : « Cette chapelle, située entre des rochers et lieux désers, est fréquentée journellement par la dévotion des peuples y abordants de toutte part à l'environ. »

Nous trouvons des témoignages éclatants de cette dévotion pendant les fréquents et terribles ravages que la peste fit en Maurienne au XVIe siècle. Un grand nombre de communes s'obligèrent par vœu à se rendre en pèlerinage à Notre-Dame du Charmaix et attribuèrent à ce pieux engagement la cessation du fléau. Citons en particulier la ville de Saint-Jean, dont une partie de la population, ayant à sa tête le Chapitre de la cathédrale, se rendit à pied au Charmaix en l'année 1600, pour accomplir une promesse faite l'année précédente.

Un vœu qui fera sourire la science moderne, trop fière de ses ingrédients chimiques, avec lesquels elle ne sauve pas nos vignes, pour admettre que Dieu y puisse davantage, c'est celui qui est contenu dans une délibération de la commune de Saint-Julien en date du 5 mai 1624. Des insectes, appelés *verpillions* ou *amblavins,* dévastaient les vignes, « desquelles, dit l'acte, dépend la nourriture et entretenement des manants du dict lieu, à cause de la penurie des aultres moyens. » Après avoir exécuté de leur mieux les ordres des syndics prescrivant la destruction des insectes, les propriétaires de vignes, persuadés que « ne pouvoit l'humain secours y apporter les remèdes nécessaires, » estimèrent sage de ce recourir à la clémence de la divine majesté par le moyen et interjection de la très sacrée et glorieuse Vierge Marie médiatrice envers Dieu pour tous les désolés. « C'est pourquoi ils s'engagèrent par vœu durant trois années, la présente et les deux proches futures, et jours que seront chascune année advisés et publiés, tous du dict lieu à cest effaict capables de tout sexe aller visiter l'oratoire de la dicte Vierge Immaculée au lieu du Charmaix..... et ce en procession et blancs habits avec la dévotion et prières requises, et apprès les dévotions faictes en toutte humilité et sincérité, faire le retour avec le même ordre. »

La commune de Modane faisait chaque année trois processions solennelles, auxquelles se joignaient en grand nombre les habitants des paroisses voisines, et, par une délibération du 23 mai 1680, elle donna au recteur une pièce de pâturage et de broussailles située aux Essarts, pour qu'il fournît ces jours-là un luminaire convenable.

Nous venons de voir ce qu'étaient autrefois les pèlerinages au Charmaix. Et maintenant, après plusieurs siècles, après tant de révolutions politiques et religieuses qui ont si fortement ébranlé la foi et semé le germe de l'impiété jusque dans nos contrées, nous le disons avec joie, la dévotion à Notre-Dame du Charmaix est encore aujourd'hui, à peu de chose près, ce qu'elle fut anciennement.

Il est regrettable sans doute qu'il n'y ait plus au Charmaix un prêtre résidant pour y exercer le saint ministère. Bien des personnes sont retenues par l'incertitude de pouvoir entrer dans la chapelle et y assister au saint sacrifice de la messe. Et cependant les pèlerinages y sont toujours nombreux et fréquents. Il n'est pas rare de voir, même dans la saison d'hiver, des personnes pleines de confiance affronter le froid et la route presque toujours glacée pour aller demander à la *bonne Mère* quelque faveur particulière : la préservation d'un malheur, la guérison d'un père, d'une mère, les succès d'une affaire importante, etc. Mais les pèlerinages réguliers ne commencent guère avant le mois d'avril et se terminent ordinairement en novembre. Durant cet intervalle de temps, il se passe peu de jours sans que le sanctuaire soit visité. Peu nombreux dans le principe, les pèlerinages vont toujours en augmentant avec les belles journées du printemps et de l'été. Dans les mois de juin, juillet, août et septembre, il arrive assez souvent que la chapelle est trop étroite pour contenir tous les pèlerins. Que de fois, en ces circonstances, nous avons été tendrement édifiés en contemplant ces pieuses caravanes avançant gravement dans le chemin du Charmaix, tenant en main le chapelet dont elles récitent les prières à haute voix. De temps en temps, les pèlerins se prosternent devant les oratoires, un d'entr'eux lit une considération sur les mystères qui y sont dépeints, et tous ensemble arrivent ainsi jusqu'à la chapelle dans les dispositions de la foi et de la piété les plus touchantes. Là, nous fûmes plusieurs fois témoin d'un spectacle plus édifiant encore : c'étaient des hommes, des femmes, des enfants, qui, arrivés en face du pont qu'ils doivent traverser, quittent leurs chaussures par respect pour le lieu et s'avancent pieds nus, quelque fois se traînant à genoux, jusqu'à l'entrée de la chapelle.

Les jours où le pèlerinage du Charmaix est le plus fréquenté sont généralement ceux des fêtes de la Sainte Vierge, dans la belle saison, et plus spécialement celle de la Visitation et de la Nativité de Marie, titulaire de la chapelle. Au jour de la Visitation, nous voyons toujours accourir au Charmaix plusieurs centaines de personnes, dont un assez grand nombre s'approchent de la Table Sainte. Mais le jour de la Nativité, c'est par milliers que l'on pourrait compter les pèlerins. Dès la veille, de bonne heure, et pendant toute la journée on les voit arriver par petits groupes sur tous les chemins qui aboutissent à Modane. Une grande partie de ces pieux fidèles ont dû voyager toute la nuit à travers les montagnes, par des sentiers rudes et scabreux, assez souvent par la pluie et le mauvais temps. Après avoir séjourné quelques heures à Modane, le plus grand nombre reprend la route du Charmaix pour y aller passer la nuit dans les chalets voisins de la chapelle, ou dans la chapelle même quand ils sont assez heureux pour y trouver place. Car le sanctuaire ne désemplit jamais depuis la veille au soir jusqu'après l'office du matin. Durant la nuit, l'intérieur de l'édifice est toujours éclairé par la lueur des cierges offerts en cette circonstance, et qui ne cessent de brûler aux deux autels et dans plusieurs autres endroits de la chapelle. Des gardiens sont établis pour maintenir l'ordre parmi la foule. Grâce à cette précaution, et plus encore aux saintes dispositions des assistants, nous n'avons jamais appris qu'il se soit commis la moindre inconvenance : tout, au contraire, se passe de la manière la plus édifiante.

Aussitôt que la grille d'entrée s'est ouverte devant la multitude empressée, des chœurs se sont formés comme instinctivement pour la récitation des prières et le chant des cantiques, qui continuent sans interruption jusqu'à l'heure de la messe. Si quelques-uns, accablés par la fatigue et le besoin de sommeil, ont voulu prendre quelques instants de repos, appuyés sur les bancs ou les marches des autels, d'autres sont venus aussitôt les relever dans leurs pieuses fonctions.

Pendant qu'un spectacle si édifiant a lieu au Charmaix, d'autres pèlerins n'ont cessé d'arriver à Modane de toutes les paroisses voisines, surtout de la Haute-Maurienne. Les premières lueurs de l'aurore n'ont point encore apparu que déjà les tambours de la compagnie des pompiers ont battu le réveil et annoncé le départ. Ce beau corps, que l'on dit le plus ancien de la Savoie et qui se fait admirer par sa bonne tenue, est bientôt sous les armes et se dirige ainsi vers le Charmaix pour y maintenir l'ordre et rehausser la beauté de la fête. Au son du tambour a succédé celui des cloches; chacun s'est mis en marche, et toutes ces personnes accourues de tant de points différents ne forment plus qu'une longue file commençant au sortir de la paroisse et aboutissant à la chapelle. Ici, la foule est tellement pressée, que ce n'est qu'avec une peine extrême que l'on parvient à se frayer un passage pour arriver à la sacristie. La messe est célébrée en grande solennité, et quand l'office est terminé, les assistants reprennent insensiblement, les uns, le chemin de la montagne, les autres celui de Modane pour rentrer chez eux avant la nuit.

Le plus beau pèlerinage dont nous ayons été témoin, c'est celui du 11 mai 1873.

C'était le jour de la clôture d'une mission donnée à la paroisse de Modane, par les RR. PP. Dominicains, de Saint-Jean-de-Maurienne.

Le Révérend Père Hilaire, Supérieur du couvent et Directeur de la mission, en avait eu l'heureuse idée. Quelques jours auparavant, il avait écrit à tous les curés du canton et à quelques autres des plus rapprochés pour leur communiquer son projet et les inviter à la fête avec ceux de leurs paroissiens qui pourraient y assister. Tous accueillirent avec joie la proposition du digne religieux et s'empressèrent de convier les fidèles de leur paroisse à les accompagner dans ce pèlerinage. Les populations répondirent à l'appel de leurs pasteurs avec un empressement que l'on ne pouvait espérer. Le départ de Modane avait été fixé à cinq heures du matin. Dès les quatre heures, on voyait arriver au devant de l'église, la paroisse du Bourget, en procession et précédée de sa bannière. Un peu plus tard, c'étaient les paroisses d'Aussois et de Bramans, éloignées de quinze kilomètres, qui, elles aussi, venaient à la suite de leurs bannières, et conduites par leurs vénérables pasteurs. Ces trois groupes, venant de la partie supérieure du canton, joints à la population de Modane, formèrent une première réunion de près de deux mille personnes qui s'acheminèrent vers la montagne du Charmaix, aux chants des hymnes et des cantiques. Cependant, des groupes non moins considérables partaient des points opposés de la vallée. Ils étaient formés des paroisses des Fourneaux, du Freney, de Saint-André et de Notre-Dame des Villards. Vers les huit heures, tous ces pieux fidèles se trouvaient réunis au Charmaix, au nombre d'environ quatre mille.

Il avait été impossible de prévoir une telle affluence. La chapelle n'avait pu recevoir qu'une bien faible partie des pèlerins, le grand nombre avaient dû rester dehors, remplissant littéralement tous les espaces environnants, quelques-uns même n'avaient pu franchir le pont, tant la foule était pressée et compacte.

Après que nous eûmes célébré le saint sacrifice, le Révérend Père Hilaire, placé sur les marches de l'autel, voulut essayer d'adresser quelques paroles pleines d'onction à ce nombreux auditoire. Tous se montraient avides de l'entendre ; chez tous régnait le silence le plus parfait, le recueillement le plus édifiant ; mais la voix de l'orateur quoique forte et vibrante, ne pouvait franchir les premiers rangs de la multitude. Alors, par une admirable allusion aux paroles du Sauveur dans le désert : « Je ne puis vous renvoyer à jeun, s'écria-t-il, en s'adressant aux pèlerins, il nous faut chercher le large, » et il leur donne rendez-vous dans une prairie voisine. Tous l'eurent bientôt suivi ; et alors, le missionnaire, debout sur un tertre d'où il pouvait dominer toute l'assistance, lui adresse une magnifique improvisation sur les grandeurs de Marie, sur les motifs et les avantages de la dévotion envers Elle.

La cérémonie était terminée : chacun reprit le chemin de sa paroisse, la plupart processionnellement, saluant en passant la Vierge du Charmaix par des chants appropriés à la circonstance, tous, emportant le charme du grand spectacle dont ils étaient les témoins.

Nous devons observer que toute la semaine précédente s'était fait remarquer par un temps affreux : un froid glacial avait occasionné partout des dégats incalculables à la récolte, la neige avait recouvert la campagne jusque dans les régions les plus chaudes. Tout à coup, le vent s'était remis, dès le samedi ; le dimanche, un vent chaud s'était élevé, qui avait adouci la température et desséché les chemins, et le lundi nous avait donné pour le pèlerinage une de ces journées splendides si rares dans nos contrées à cette époque de l'année. Evidemment, le ciel avait voulu se prêter à notre manifestation.

Dirons-nous qu'au milieu de cette affluence il ne se trouve pas un certain nombre de curieux, qu'il n'y ait jamais quelques inconvénients ou abus? Nous n'osons pas l'affirmer absolument.

Mais les abus sont certainement rares. Et puis, telle est la condition des choses de ce monde, même des meilleures, dès que l'homme y prend quelque part. On l'a dit souvent : si l'on devait supprimer tous les abus, il faudrait détruire tout ce qui existe en dehors de Dieu, même la religion et ce qu'elle a de plus sacré. L'homme est naturellement imparfait ; par son libre arbitre il peut abuser de tout ici-bas et les abus ne cesseront que dans le ciel, où tout sera parfait de la perfection de Dieu même.

On ne peut contester que les avantages résultant de ces fêtes et de ces pèlerinages religieux ne soient infiniment plus grands que les inconvénients accidentels qu'ils peuvent avoir. Il y aura toujours là une profession publique de la foi catholique : si quelques personnes, faibles ou corrompues, peuvent y trouver une occasion de mal, il est certain que le grand nombre y aura puisé un aliment puissant à la piété, un immense sujet d'édification. Que l'on y fasse attention, et l'on trouvera toujours chez les populations voisines d'un sanctuaire un peu renommé un sentiment de foi et de religion que l'on ne rencontre pas dans celles qui sont privées de cet avantage. Vienne le moment de l'épreuve, du péril, d'une maladie grave, il n'y aura personne, même parmi les plus indifférents, qui ne dirige sa pensée et son espérance vers le lieu béni où il sait qu'on n'invoque jamais en vain le secours d'en-haut.

Nous nous croyons donc en droit de conclure qu'au lieu de combattre en principe les pèlerinages religieux, on doit, au contraire, les favoriser, tout en cherchant à en écarter les abus.

Tel est, du reste, l'esprit de l'Eglise qui, toujours, a encouragé, patronné les pèlerinages religieux. Telle est l'intention des Souverains Pontifes, en particulier de Pie IX et de Léon XIII, répondant par les bénédictions et par les plus riches indulgences, en faveur des pèlerins, aux cris de rage et aux railleries de l'impiété contre ces grandes et solennelles manifestations que nous admirons de nos jours.

Puisse cette notice, que nous avons entreprise dans le même but, contribuer parmi nous à cet élan religieux qui se fait sentir en ce moment en France, en Italie et chez la plupart des nations catholiques!

CHAPITRE VI.

Miracles ou faits merveilleux attribués à l'invocation de Notre-Dame du Charmaix.

En parlant de miracles, il est bien entendu que nous ne prétendons point attacher à ce mot une signification dans le sens rigoureux. Nous savons que cette question est exclusivement du domaine de l'Eglise : à elle seule il appartient de prononcer sur les faits où il y a vraiment suspension des lois de la nature, opération surnaturelle, miracle. Dans notre cas, l'Eglise n'a rien décidé, et si nous employons l'expression de miracle, nous avons hâte de déclarer que ce ne sera toujours que dans un sens général, et pour nous conformer au langage ordinaire des personnes même les plus éclairées, quand il s'agit de faits extraordinaires et qui paraissent appartenir à l'ordre surnaturel. Cette réserve faite, s'il se trouve des *esprits forts* qui se refusent à croire au miracle dans les faits que nous aurons à rapporter, certes, nous ne les traiterons pas d'impies ni d'hérétiques, mais il nous sera bien permis de constater qu'ils sont en opposition avec le sens commun des vrais fidèles, dont on ne saurait s'écarter sans une dangereuse témérité.

Au surplus, nous n'entreprenons pas de citer ici toutes les faveurs extraordinaires attribuées à l'intercession de Notre-Dame du Charmaix : nous n'en finirions pas. Si nous pouvions interroger les habitants de la Haute-Maurienne, combien n'en trouverions-nous pas qui s'empresseraient de nous donner à cet égard des témoignages irrécusables pour tout homme de droiture et de bonne foi. Pour le passé, il nous suffira de rapporter les paroles du docteur Bertrand. « Si l'on interrogeait tous ceux qui se sont adressés avec confiance à cette bonne Vierge, il n'y aurait personne qui ne dût se féliciter d'en avoir obtenu quelque grâce signalée. »

La plupart des faits que nous nous proposons de relater, sont tirés de la *Diva Virgo Charmensis.* L'auteur cite les noms de personnes encore vivantes au moment où il écrivait; il prévient le lecteur qu'il ne raconte que les miracles opérés de son temps, sous les yeux d'un grand nombre de personnes, prouvés par la déposition de témoins respectables dans des enquêtes sévères ordonnées par les évêques du diocèse de Maurienne, de manière, ajoute-t-il, à ne laisser subsister aucun doute, excepté pour ceux qui, *semblables à la chouette, ne savent pas voir la lumière en plein jour.*

I.

Nous empruntons au docteur Bertrand le récit du miracle suivant qu'il obtint lui-même de Notre-Dame du Charmaix.

Il avait eu de son mariage avec noble Claudine Marin un fils qui, à l'âge de deux ans, s'était brisé la première vertèbre de l'épine dorsale en tombant de son lit sur le plancher. A mesure que l'enfant avait grandi, il s'était formé vers l'épaule droite une bosse, à laquelle vint se joindre un squirre. Bientôt se manifesta sur la partie malade un ulcère qui cariait les os de l'épaule et du bras. Malgré les soins les plus assidus, malgré toutes les ressources de la médecine, la maladie ne faisait qu'augmenter, au point que la vie de l'enfant était en extrême danger. Le pieux médecin, voyant l'inutilité de tous les moyens humains, eut l'inspiration de recourir à Dieu par l'intercession de Marie. Il fit donc le vœu de se rendre lui-même en pèlerinage au Charmaix et d'y porter le malade. Le 16 juillet 1605, il partait de Saint Jean-de-Maurienne, avec son enfant porté dans une hotte, attendu qu'il ne pouvait supporter la marche ni à pied, ni à cheval, ni en voiture. Arrivé à la chapelle, le pieux Docteur y fit célébrer la sainte messe pendant laquelle il demanda en toute confiance à la Vierge, dont il avait éprouvé le secours en d'autres circonstances, de lui obtenir la guérison de son fils. Comme il sortait de la chapelle après avoir accompli son vœu, quels ne furent pas sa joie et son étonnement en voyant l'enfant reprendre en quelque sorte une nouvelle vie! Il fut tellement guéri à partir de ce moment, qu'il put bientôt se livrer aux études les plus sérieuses dans les collèges des Jésuites à Chambéry et à Lyon, devint par la suite chanoine de la collégiale d'Aiguebelle et mourut recteur du collège de Saint Jean-de-Maurienne. Comme témoignage de sa reconnaissance envers la Vierge du Charmaix, il composa en son honneur une pièce de vers latins que nous avons encore et par lesquels il exprime les sentiments les plus touchants de son amour envers celle qui lui avait obtenu sa guérison miraculeuse (1).

II.

Ouvrier miraculeusement préservé à l'invocation de Notre-Dame du Charmaix.

Nous avons dit comment les habitants de Modane avaient été amenés à ériger la chapelle du Charmaix dans le lieu abrupte où nous la voyons. Pendant que l'on travaillait aux premières constructions, il arriva que tout l'échafaudage élevé au dessus du torrent, dis-

(1) *Merveilles du Charmaix.*

parut tout-à-coup au fond de l'abîme, entraînant avec les matériaux qu'il supportait le nommé Michel Mésan, entrepreneur des travaux. Pour qui connaît la profondeur du précipice, il ne saurait y avoir de doute que ce malheureux dût être broyé dans sa chute; c'était l'opinion des ouvriers qui l'avaient vu disparaître et qui s'attendaient à n'avoir plus à retirer que le cadavre mutilé de leur patron. Mais, en se voyant tomber, Michel Mésan s'était recommandé à la Vierge du Charmaix; tous les ouvriers s'étaient écriés : Bonne Vierge du Charmaix! sauvez-le! Marie avait entendu ces invocations pleines de foi et de confiance; celui que l'on croyait mort se relevait bientôt plein de vie et reprenait le chemin du chantier sans avoir reçu aucune lésion (1).

III.

Cinq personnes préservées d'un danger imminent.

Vers le commencement du XVIIe siècle, une peste terrible avait envahi la Savoie et plus particulièrement les environs de Chambéry. Les habitants de cette ville eurent recours à Marie, et pour être préservés du fléau, ils firent vœu de se rendre en masse en pèlerinage à son sanctuaire de Vico en Piémont. Au mois d'octobre 1604, tous les habitants de Chambéry, capables de supporter les fatigues de ce long pèlerinage, se mirent en marche. Les hommes de tout rang et de toute condition, nobles, bourgeois, magistrats, riches et pauvres, cheminaient en tête de la pieuse caravane, confondus dans un même esprit de foi et de piété. Venaient ensuite les femmes, puis, enfin, un certain nombre de jeunes filles, la tête couverte d'un voile et quelques-unes mê-

(1) *D'Orly*, pag. 37.

me pieds nus. Tous ces pèlerins s'avançaient au chant des hymnes et des cantiques, dans un ordre si parfait qu'on eût dit, suivant l'expression du père d'Orly, une légion céleste revêtue de formes humaines. Comme la troupe religieuse passait à Aiguebelle, quelques personnes pieuses de cette paroisse voulurent se joindre à elle. Nous trouvons dans le père d'Orly les noms de : Pierre Agricolle, chanoine de l'église collègiale d'Aiguebelle, Nicolas Lachat, procureur au Sénat de Savoie, Antoine Bozon, Amédée Aloy et Jean de Lavigne. Ayant suivi la procession jusqu'au sanctuaire, terme du pèlerinage, ils revenaient avec elle, lorsqu'arrivés près du Mont-Cenis, le chanoine Agricolle proposa à ses compagnons de voyage de se détacher du cortège et de le devancer d'une journée en prenant la route du Petit-Mont-Cenis, afin de pouvoir se rendre à Notre-Dame du Charmaix et y célébrer la sainte messe. La proposition fut acceptée; mais dans la traversée du Petit-Mont-Cenis, ils furent assaillis d'une tourmente tellement affreuse, qu'ils ne voyaient plus ni ciel, ni terre, et qu'ils furent en danger de perdre la vie. Dans cette extrémité, ils se recommandèrent avec ferveur à Notre-Dame du Charmaix, lui promettant d'aller au pied de son autel se consacrer à elle pour le reste de leur vie. Marie entendit leurs supplications; aussitôt la tempête s'apaisa, les nuages se dissipèrent et les pieux pèlerins purent arriver sains et saufs à la chapelle du Charmaix, où le chanoine célébra le saint sacrifice, et tous ensemble firent à Marie la consécration qu'ils lui avaient vouée. Ils se hâtèrent ensuite de prendre le chemin de Modane, pour rejoindre la procession qui avait continué sa marche par la route ordinaire. Mais voici qu'un nouveau prodige va s'opérer en faveur du chanoine Agricolle. Ce vertueux prêtre venait de traverser le pont contigu à la chapelle, lorsque, voulant éviter les eaux qui remplissaient le chemin, il se retira tellement sur le bord, qu'il manqua du pied et roula au fond du précipice affreux qui existe en cet endroit. En se sentant glisser, Pierre Agricolle avait eu le temps d'invoquer Notre-Dame du Charmaix, son secours ne se fit pas attendre; aussitôt une force surnaturelle le repousse hors de l'abîme et le reporte plein de vie au milieu du chemin, à la vue de ses compagnons émerveillés de le revoir sans la moindre lésion, ses vêtements intacts, retrouvant dans ses poches et parfaitement conservés deux objets en verre qu'il portait sur lui. C'est ce qu'affirment, dit Bertrand, ses compagnons de voyage qui vivent encore.

Pleins de joie et de reconnaissance tous continuèrent leur route, bénissant Dieu et publiant partout la puissance de Marie, dont ils venaient d'éprouver les merveilleux effets (1).

IV.

Un chasseur délivré miraculeusement de la crevasse d'un glacier où il s'était laissé tomber.

Le 10 août 1604, le nommé Michel, fils d'Etienne Chenal, de la paroisse de Saint-André, était parti le matin, pour aller chasser dans les hautes montagnes qui dominent cette petite bourgade. Arrivé sur le glacier qui existe en cet endroit, il se mit à poursuivre un gibier, l'œil uniquement dirigé de ce côté, sans faire attention aux dangers qu'il pouvait courir, lorsque tout à coup se trouva sous ses pieds une de ces crevasses assez ordinaires en ces amas de glaces, dans laquelle il roula avec son arme à la profondeur de 25 à 30 pieds. Le

(1) *Diva Virgo Charmensis*, pag. 63 et suiv. — *D'Orly*, pag. 76.

malheureux se trouvait dans la position la plus critique : au-dessous de lui, c'était un abîme plus profond encore, au-dessus duquel il ne se voyait suspendu que par un petit étranglement de la fissure; autour de lui, deux parois de glace ne donnant aucune prise et le tenant resserré sans mouvement comme dans un cercueil perpendiculaire; au dehors, le silence et la solitude, aucun être mortel dont il pût se faire entendre. Dans cette terrible extrémité, ne pouvant compter sur aucun secours humain, il eut recours aux moyens surnaturels. Elevé dans les principes de la foi, il se rappelle que ce n'est jamais en vain que l'on invoque Marie, même dans les situations les plus désespérées, il s'adresse à elle en toute confiance et il fait vœu, s'il vient à échapper à ce danger, de faire un pèlerinage en son honneur à sa chapelle du Charmaix. Cependant la nuit arrivait, le père ne voyant pas revenir son fils, s'informait de tous ceux qui descendaient de la montagne s'ils ne l'avaient point aperçu : aucun ne put lui en donner des nouvelles. La nuit se passa dans une terrible anxiété pour le père et toute la famille. Le lendemain, dès avant les premières lueurs du jour, celui-ci se hâta d'envoyer son domestique et les autres personnes de sa maison à la recherche de son fils. Après avoir parcouru avec soin les champs, les bois et les chalets des environs, ils étaient parvenus sur les sommets les plus escarpés sans avoir pu rien découvrir. Ils commençaient à désespérer, lorsqu'un d'entr'eux croit apercevoir les traces d'un homme imprimée dans la neige fraîchement tombée sur le glacier; ils les suivent avec anxiété et ils arrivent jusqu'aux bords de la fatale crevasse. Ils se penchent silencieusement vers l'abîme, et, tout en cherchant des yeux s'ils peuvent découvrir quelque chose, ils entendent distinctement les accents plaintifs d'une voix humaine qui s'élèvent des profondeurs glacées. Ils ne doutent pas, c'est la voix de Michel Chenal. Aussitôt, un de la bande court apporter la nouvelle au père, qui, pleurant de joie d'avoir retrouvé son fils, s'en va prier parents et voisins de vouloir se prêter au sauvetage. Tout le bourg fut bientôt sur pied : le curé, le châtelain et une foule de personnes partirent aussitôt munis de tous les moyens nécessaires pour sauver la vie à l'infortuné Michel. On arrive sur les lieux à pas précipités, on lui jette une forte corde dont l'un des bouts est retenu par les hommes les plus vigoureux de la compagnie, Michel se lie solidement avec l'autre extrémité, et après quelques instants il revient à la lumière tout imprégné de glace, mais sans aucune blessure, plein de vie et de santé. Chacun voulut ensuite le questionner ; on lui demanda comment il avait pu être préservé, comment il avait pu supporter le froid, la faim pendant ces longues heures d'angoisse. Chenal répondit naïvement qu'au moment de sa chute il s'était recommandé à la Sainte Vierge, qu'il avait fait le vœu, s'il survivait à ce péril, d'aller en pèlerinage au Charmaix se consacrer à son service au pied de son autel ; il ajoutait qu'à partir de ce moment, il lui avait semblé voir constamment Marie à ses côtés, soutenant son courage, lui inspirant l'espoir d'être délivré. Telle était sa conviction qu'il ne devait qu'à cette bonne Mère la préservation de ses jours, que sans aller embrasser son vieux père qui l'attendait avec tant d'impatience, sans avoir voulu prendre aucun repos, après avoir chaleureusement remercié les personnes qui venaient de le retirer de la crevasse, il prit le chemin du Charmaix, la tête découverte, les mains élevées vers le ciel, pour aller accomplir son vœu et témoigner sa reconnaissance à Celle qui l'avait si visiblement protégé dans les circonstances critiques où il s'était trouvé.

Ce fait fut attesté, à l'époque où il arriva, par révérend Maurice Arnaud, curé de Saint-André, et par les nommés Pierre Sixt, Pierre Chenal, Michel Borrel et André Sixt, qui tous furent témoins de la préservation de Michel Chenal, et ne purent, non plus que lui-même, s'empêcher de la regarder comme l'effet d'une intervention miraculeuse de la Sainte Vierge (1).

V.

Un enfant boiteux et paralysé des jambes, guéri tout à coup à la chapelle du Charmaix.

François, fils de Pierre Bernard, de Modane, âgé de 12 ans, était depuis sept ans tellement boiteux, ayant les pieds contournés, et tellement faible des jambes qu'il ne pouvait faire un pas sans être appuyé sur deux béquilles. Ses parents, qui jouissaient d'une certaine fortune, n'avaient rien épargné pour procurer la guérison de leur enfant. Après avoir employé inutilement tous les remèdes prescrits par les médecins, le père, oublieux des lois de la religion, n'avait pas craint de recourir à une magicienne ou réputée telle, qui lui fit réponse que la maladie de son fils était incurable.

Cependant, un jour que l'enfant était resté seul à la maison, un de ses oncles, passant par hasard devant la porte, et le voyant toujours dans le même état, fut touché de compassion et, animé d'un grand esprit de foi, il lui dit sur le ton de la plaisanterie : « Que fais-tu là, paresseux? Puis le saisissant par le bras pour le faire sortir, va, ajouta-t-il, rejoindre ta mère à la montagne du Charmaix; en passant devant la chapelle de la Sainte Vierge que tu trouveras sur ton chemin, jette-lui tes béquilles, en disant : Recevez, Vierge sainte, ces

(1) *Diva Virgo Charmensis*, pag. 55.

béquilles, et gardez-les aussi longtemps que j'ai dû les garder moi-même ; ensuite va-t-en trouver ta mère. » Le pauvre enfant prit ces paroles à la lettre ; il se met en route sans hésiter, il se traîne plutôt qu'il ne marche appuyé sur ses béquilles, et aux prix d'efforts et de fatigues incroyables, il arrive enfin jusqu'à la chapelle. Là, il se met en devoir d'exécuter ponctuellement les prescriptions de son oncle : avec sa simplicité d'enfant, il jette ses béquilles dans le sanctuaire, en adressant à la Sainte Vierge les paroles qu'il lui avait dictées ; et voilà que celui qui jusque-là n'avait pu faire un pas sans appui, se dresse sur ses jambes comme s'il n'avait jamais éprouvé la moindre infirmité, il se met à marcher sans peine et s'en va trouver sa mère plus haut dans la montagne, dans un état de guérison parfaite. Toute la paroisse de Modane, qui avait connu l'infirmité du jeune Bernard, put se convaincre de cette guérison merveilleuse, et lui-même, pendant les cinquante-quatre ans qu'il vécut encore après cette époque, ne cessa de raconter à tous la manière dont il avait obtenu de Marie cette faveur extraordinaire.

Ajoutons que le docteur Bertrand inscrivait ce récit dans sa *Diva Virgo Charmensis* trois ans seulement après l'évènement : toutes les règles de la plus rigoureuse critique nous empêchent donc de supposer que le pieux auteur ait pu tromper ou avoir été lui-même trompé.

VI.

Un jeune homme échappé à la mort, malgré les blessures mortelles d'un assassin.

Le trait que nous allons raconter avait été déjà mentionné brièvement dans les annales du P. Gautier, de la Compagnie de Jésus, avant d'avoir été décrit dans tous ses détails par le docteur Bertrand. C'est à ce dernier auteur que nous empruntons notre récit. En commençant, il prévient le lecteur que celui qui fut l'objet d'une protection si merveilleuse de la part de la Sainte Vierge est encore vivant, il en appelle à son témoignage et à celui des cicatrices qu'il porte sur ses membres : il attache à ce qu'il va dire une si grande importance qu'il invoque l'assistance de la Vierge du Charmaix, pour qu'il puisse le faire de manière à exalter toujours plus sa gloire et sa puissance.

C'était vers la fin de novembre 1606, le nommé Mathieu Germain, marchand colporteur de la paroisse du Thil, après avoir séjourné quelques jours à Saint-André, s'était dirigé vers Modane, emportant avec lui sa balle de marchand et le petit pécule qu'il venait de retirer de la vente de ses marchandises. Arrivé à une certaine distance, un peu en amont du Freney, il fut rejoint par un nommé Aimon N. de Saint-André, tailleur de profession, lequel feignit de vouloir lui tenir compagnie, mais se proposait en réalité de l'assassiner pour s'emparer de son argent. Afin de pouvoir plus sûrement exécuter son criminel dessein, il proposa au jeune colporteur de le suivre jusqu'au bord de la rivière d'Arc, où, disait-il, il avait placé une nasse la nuit précédente, lui faisant entendre que la pêche serait abondante et qu'ils pourraient faire un bon repas à Modane. Le jeune homme accepte la proposition sans la moindre défiance, il descend avec son compagnon vers le lit de la rivière, puis celui-ci, s'étant assuré qu'ils ne pouvaient être vus, ni entendus de personne, saisit Germain par la balle qu'il portait sur le dos, le renverse et s'efforce de le tuer à coups de couteau. La victime se défend comme elle peut en parant les coups avec les mains qui sont tout ensanglantées. Alors, l'assassin se saisit d'un énorme caillou avec lequel il cherche à briser la tête de

Germain. Après cette effroyable opération, ne voyant plus en celui-ci aucun mouvement, Aimon le croit mort et le dépouille de son argent et de tout ce qui pouvait avoir quelque valeur parmi ses marchandises. Pour mieux cacher son crime, il traîne ce qu'il croyait n'être plus qu'un cadavre derrière les murs d'une vieille masure qui se trouvait tout près de là, il le recouvre de pierres qu'il ramasse à la hâte et il disparaît. Dans la précipitation, il arriva providentiellement que la tête et une main de la victime restèrent découvertes et libres.

Il y a toute apparence que Germain, âgé pour lors de 15 ans seulement, avait été élevé dans les principes de la foi et de la piété chrétienne. Aussi, dès le moment qu'il se vit aux mains de son agresseur, comprenant bien qu'il n'avait aucun moyen naturel d'échapper à ses coups, son premier soin fut de se recommander à Dieu et d'implorer à grands cris le secours de Notre-Dame du Charmaix en même temps qu'il faisait vœu, s'il échappait à la mort, d'aller en pèlerinage à son sanctuaire de ce nom et à celui de Lorette dont il avait entendu parler. Sa prière pleine de confiance ne fut pas vaine. En effet, lorsque l'assassin se fut retiré, le laissant comme enseveli sous un monceau de pierres, il fut pris d'un doux sommeil, pendant lequel il lui semblait voir dans le lointain une grande procession où l'on chantait les louanges de Marie, n'éprouvant du reste aucune autre douleur que celle d'une soif ardente produite sans doute par l'épanchement du sang. Il languit quatre jours dans ce triste état. Sur ces entrefaites plusieurs personnes de Modane vinrent à passer pour se rendre dans la paroisse de Saint-André et assister à la fête de l'apôtre de ce nom, son patron. Chemin faisant, elles crurent entendre des gémissements qui semblaient venir des bords de la rivière. Aussitôt les nommés

Vincent Clappier et ses deux fils Jean-Pierre et Etienne, tous les trois considérés dans leur paroisse pour leur probité et leurs vertus, se détachèrent de la compagnie pour se diriger vers l'endroit d'où semblaient monter les accents plaintifs. Etienne, plus courageux que les deux autres, s'avança jusque près du lieu où gisait le malheureux assassiné. Il aperçut d'abord un bonnet qui apparaissait au-dessus des pierres qui recouvraient Germain, et cette indication le conduisit bientôt jusqu'à lui. Quelle ne fut pas sa stupéfaction lorsqu'après avoir à la hâte écarté les pierres, il se trouva en face d'un être humain mutilé, défiguré, ne donnant plus autre signe de vie qu'un léger souffle qu'il exhalait avec peine! Surmontant néanmoins sa profonde émotion, il prend le malheureux et le transporte sur la route, où son père et son frère attendaient avec anxiété le résultat de son exploration. Là, pendant qu'ils délibéraient sur ce qu'ils avaient à faire pour donner les premiers soins à ce demi mort, qu'ils craignent de voir expirer d'un instant à l'autre, vint à passer une partie de l'équipage de Monseigneur Philibert Millet, évêque de Maurienne, récemment nommé au siège de Turin, qui ce jour-là même était parti de Saint-Jean pour sa nouvelle destination. Avec l'aide des gens qui conduisaient l'équipage, le père et les frères Clappier purent transporter le jeune homme à Saint-André, où ils le déposèrent dans l'hôtel préparé pour recevoir le prélat. Celui-ci ne tarda pas d'arriver avec sa suite; informé bientôt de ce qui venait de se passer, il voulut se rendre auprès du malade qui venait de reprendre ses sens et l'usage de la parole, grâce aux soins qu'on lui avait prodigués. Après lui avoir adressé des paroles d'encouragement et de consolation, l'évêque lui demanda s'il connaissait l'assassin; le jeune homme répondit qu'il ignorait son nom, il savait seulement que c'était un tailleur de Saint-André qu'il reconnaîtrait certainement s'il lui était confronté. Sur cette réponse, le prélat se rendit à l'église où la population était réunie pour l'office de la fête patronale. Après l'office, il fit savoir aux tailleurs de la paroisse qu'il avait une communication à leur faire et les invita à se rendre tous immédiatement à son hôtel. Ceux-ci obéirent : s'étant présentés à l'hôtel, ils furent introduits successivement auprès de Germain. Déjà plusieurs avaient passé devant lui sans avoir été reconnus, lorsque vint le tour d'Aimon. Dès qu'il apparut dans la chambre de Germain, « Le voilà! Le voilà! s'écria celui-ci, c'est bien lui. Voyez comme il a su déjà se parer des aiguillettes qu'il m'a volées » A ces mots, Aimon pâlit, se prit à trembler de tous ses membres et déclara sans autre qu'il était le coupable. Quelques jours après il expiait par le gibet la peine de son crime (1).

Avant de continuer sa route, le charitable prélat ne manqua pas de recommander le malade au maître-d'hôtel et pourvut à toutes les dépenses nécessaires jusqu'à la guérison. Germain guérit en effet, tout en conservant quelques infirmités et les traces des blessures. Mais enfin il avait conservé la vie; après un si grand danger, il se retrouvait tranquille dans son village natal, au sein de sa famille, jouissant d'une bonne santé. Il était évident pour lui, comme pour tout homme de bon sens, qu'il ne devait qu'à la protection de Marie d'avoir échappé à la mort. Aussi, son premier soin fut-il d'aller lui témoigner sa reconnaissance au Charmaix et à Lorette, accomplissant le vœu fait au moment du danger. Depuis, pendant toute sa vie, on le vit souvent

(1) En suivant l'ancienne route royale, qui reliait autrefois le Freney aux Fourneaux, on rencontre une vieille croix appelée dans le pays *la Croix du Pendu*. La tradition locale porte que c'est là que l'assassin fut pendu, sur le théâtre même du crime.

reprendre le chemin du Charmaix, ne pouvant se lasser de remercier la sainte Vierge et publiant partout la protection miraculeuse qu'il en avait éprouvée (1).

VII.

Enfant infirme et muet guéri instantanément.

Pierre fils de Jacques Pilliat, de la paroisse de Termignon, avait contracté tout à coup une maladie indéfinissable qui l'avait jeté dans un état de langueur générale et lui avait même ôté l'usage de la parole. Après avoir inutilement recouru à tous les moyens naturels, ses parents, désolés de ne rien avancer, résolurent de se tourner du côté de Dieu. Le père, homme de foi, plein de confiance en la Très Sainte Vierge, fit vœu de se rendre en pèlerinage à la chapelle du Charmaix pour y demander la guérison de son fils. Sans se laisser arrêter par la rigueur de la saison, il fit ce pénible voyage le 17 février 1609. Après avoir parcouru au milieu des neiges le long trajet de Termignon au Charmaix, il arrive à la chapelle exténué de froid et de fatigue, il se prosterne aux pieds de la Vierge, la conjure avec larmes de lui obtenir la guérison de son enfant et reprend ensuite le chemin de sa paroisse partagé entre la crainte et l'espérance. Il entre timidement dans sa maison; oh, prodige! il trouve son enfant parfaitement guéri, ne ressentant plus aucune faiblesse dans les membres, parlant sans difficulté. Il questionne, il demande à quel moment s'est opérée la guérison, et il trouve qu'il coïncide avec celui où il adressait sa fervente prière à la Vierge du Charmaix. Inutile de dire quelle fut la joie du père Pilliat et de toute la famille. Les voisins, té-

(1) *Diva Virgo Charmensis*. pag. 75.

moins de la guérison instantanée et toute miraculeuse, vinrent en foule les féliciter d'une si grande faveur et s'unir à eux pour bénir Dieu et sa sainte Mère.

VIII.

Sauvé miraculeusement du courant impétueux de la rivière d'Arc.

Dans le courant du mois de juillet 1613, le nommé Henri Seitier, aubergiste à Saint-Michel-de-Maurienne, se rendait accompagné de Laurent Richard, son domestique, à un pré qu'il possédait au-delà de l'Arc qui coule au pied de ce bourg. Le pont qu'ils devaient traverser se composait tout simplement de quelques poutres mal jointes, rendues très glissantes ce jour-là par la pluie qui venait de tomber. Seitier n'avait pas craint de s'engager sur cette espèce de pont. Mais à peine a-t-il fait quelques pas qu'il glisse et disparaît dans la rivière, dont les eaux, enflées par la fonte des neiges de la montagne, sont toujours très élevées en cette saison. Le malheureux comprit bien qu'il ne pouvait espérer aucun secours de la part des hommes, il se recommanda à la Très Sainte Vierge avec toute la ferveur que put lui inspirer sa foi et le danger imminent où il se trouvait. Le domestique était sur le bord, désespéré de ne pouvoir porter secours à son maître : lui aussi invoquait Marie de toute l'ardeur de son âme. A genoux sur le rivage, les mains élevées vers le ciel, d'une voix entrecoupée par les sanglots, il s'écriait : « O bonne Dame du Charmaix, sauvez mon maître ! »

Il avait à peine achevé sa fervente invocation qu'il aperçut son maître à quelque distance, commençant à montrer la tête, puis un bras, et se rapprochant peu à peu du rivage. Il vole de ce côté, lui tend la main et parvient à le tirer de la rivière.

Le maître, non plus que le domestique, ne put douter qu'il n'était redevable de la vie qu'à la Vierge du Charmaix qu'ils avaient invoquée tous les deux avec tant d'ardeur au moment du péril, et ils voulurent aller ensemble la remercier dans son sanctuaire. Après quelques jours de soins et de repos nécessités par suite de l'accident, Seitier se dirigeait vers le Charmaix avec son fidèle serviteur et déposait dans la chapelle, comme monument de son éternelle reconnaissance, un tableau représentant sa délivrance, portant au bas une inscription en vers français dans laquelle il l'attribuait à la protection de la Sainte Vierge (1).

IX.

Jeune homme guéri instantanément, après avoir été écrasé par la chute d'un bois.

Au mois de juillet 1614, le jeune Henri Ducruez, d'Albiez-le-Jeune, âgé de quinze ans, avait accompagné son père à la forêt de Montissot pour y abattre des bois. Celui qu'ils avaient coupé au moment de l'accident, était assez gros pour que deux hommes ne pussent l'étreindre avec leurs bras. En tombant il atteignit le jeune Ducruez, lui fractura une cuisse et lui causa une telle commotion dans les organes intérieurs, que le sang lui sortait à grands flots par les narines, la bouche et les oreilles ; ses sens avaient été paralysés, il avait perdu complètement l'usage de la vue et de la parole. Transporté avec bien de la peine jusqu'à la maison paternelle, il fut durant six jours dans un tel état de

(1) *Diva Virgo Charmensis*, pag. 87.

faiblesse, qu'il ne pouvait supporter d'autre nourriture que quelques cuillerées de lait, ne laissant du reste à ses parents aucun espoir de guérison. Le père surtout était dans la désolation, en pensant que le malheur de son enfant pouvait bien peut-être provenir de son défaut de précautions. Il se souvint qu'au moment de l'accident il avait fait un vœu à Notre-Dame du Charmaix pour la préservation de son fils. C'était le sixième jour depuis le coup fatal : il prend immédiatement le chemin de la chapelle de ce nom, y fait célébrer la sainte messe et remplit avec ferveur tous les engagements qu'il avait pris. Il s'en retourne ensuite soulagé et plein de confiance, et, quand le lendemain il rentre dans sa maison, il trouve son fils qu'il avait laissé la veille presque moribond, en pleine convalescence. Sept ans après, à l'époque où le docteur Bertrand écrivait son ouvrage sur le Charmaix, les nombreux voisins de la famille Ducruez se plaisaient à raconter ce que tous regardaient comme un vrai miracle, joignant leur témoignage à ceux du père et de l'enfant, qui se livrait aux travaux de la campagne comme les autres jeunes gens de la paroisse.

X.

Gentilhomme guéri instantanément d'une fièvre pernicieuse.

La dévotion à Notre-Dame du Charmaix ne régnait pas seulement chez le peuple ; on la voyait pratiquée, et quelquefois d'une manière bien touchante, par les personnages distingués de la classe éclairée et de la haute société : nous en trouvons plusieurs exemples dans les ouvrages du docteur Bertrand et du Père d'Orly. Celui que nous allons citer en est une preuve manifeste.

Dans une des guerres si fréquentes en Piémont au

commencement du XVIIe siècle, l'armée du duc de Savoie avait abandonné les environs de Verceil pour venir prendre ses quartiers d'hiver à Turin, vers le milieu de novembre. En revenant de ces plaines marécageuses, où elle avait eu à subir les chaleurs de l'été, elle avait emporté dans ses rangs le germe d'une fièvre pernicieuse qui ne cessait de faire de nombreuses victimes chez les militaires de tous grades. Parmi les officiers se trouvait un gentilhomme de Chambéry nommé Paul de Passy, *Paulus a Passiaco,* en qualité de porte-enseigne du régiment de cavalerie commandé par le marquis de La Chambre. Il fut saisi tout à coup par la terrible maladie. Pendant deux jours il fut en proie aux douleurs atroces d'une fièvre ardente qui le consumait. Ayant connu par expérience l'inutilité des remèdes naturels, il eut recours à Celle qui est si justement appelée le salut des malades, *salus infirmorum;* il fit vœu, s'il échappait à la mort, de faire un pèlerinage en actions de grâces à la chapelle du Charmaix. Le secours de Marie ne se fit pas attendre; dès le lendemain, Paul de Passy était délivré de la fièvre et sa guérison, complète. Ses amis et ses compagnons, qui l'avaient vu la veille dans un si triste état, ne pouvaient s'expliquer un changement si prompt et si radical; et le pieux officier se faisait un plaisir de leur dire à tous le moyen qu'il avait employé pour récupérer la santé. Ceci s'était passé le 25 novembre : au mois de mai suivant, Paul de Passy se rendait au Charmaix, plein de joie et de reconnaissance, pour y accomplir son vœu. Avant de quitter Modane, il voulut laisser un témoignage authentique de sa guérison miraculeuse dans un procès-verbal qu'il fit rédiger par le notaire Audé, de cette paroisse, en présence de Révérend Frédéric Charpin, prédicateur de la Cour des princes de Savoie, prêtre distingué par sa science et sa piété. qui se trouvait alors par hasard à Modane, de noble Urbain de Gallis et d'un grand nombre d'autres personnes (1).

XI.

Jeune fille écrasée par la chute d'une poutre, guérie tout à coup à l'invocation de Notre-Dame du Charmaix.

Au mois de juillet 1616, le domestique du nommé Antoine Albrieux, de Saint-Jean-de-Maurienne, était occupé à réparer la toiture de la maison dite *des Trois-Rois* habitée par son maître (2). Dans les mouvements nécessités par ce travail, il laissa échapper une pièce de bois, qui vint tomber sur la tête de la petite fille d'Albrieux, âgée de 8 ans, qui se trouvait là à folâtrer au-devant de la maison de son père avec ses jeunes compagnes. Au dire des voisins qui furent témoins de l'accident, l'enfant était restée morte sur le coup. En entendant les cris d'alarme poussés dans la rue, la mère était accourue en toute précipitation. Qu'on juge de la désolation de la pauvre femme, quand elle se trouve en présence de sa chère enfant étendue par terre sans mouvement et baignée dans son sang! Ce ne sont plus que pleurs, gémissements, cris de douleur et de désolation. Elle ne veut entendre aucune parole de consolation adressée par les assistants, elle n'écoute que la voix de sa foi vive et de sa confiance en Marie : elle s'adresse à grands cris à Notre-Dame du Charmaix et la conjure de lui rendre son enfant. Elle avait à peine exhalé sa fervente prière, que déjà la petite fille commençait à se mouvoir; bientôt elle reprit la parole et, s'adressant

(1) *Diva Virgo Charmensis*, pag. 95.

(2) Il nous souvient d'avoir vu souvent, à Saint-Jean, rue Borcière, une maison avec cette enseigne : *Auberge des Trois-Rois*.

à sa mère, *ne pleurez pas,* lui dit-elle, *et ne faites pas de la peine au domestique.* Celui-ci en effet avait pris la fuite et se tenait caché dans la crainte d'être inquiété pour imprudence. Quant à la petite Albrieux, elle fut si bien guérie qu'elle ne ressentit jamais aucune douleur ni aucune suite de l'accident.

Telle fut la déclaration que firent plus tard, sous la foi du serment, la mère Albrieux et sa fille à révérend Genin, recteur du Charmaix, en présence d'un sieur Joly, de Montmeillan et de la dame Pernette Salomon (1).

XII.

Guérison merveilleuse d'une jeune fille de Saint-Julien-de-Maurienne.

Vers le même temps qu'arrivait à Saint-Jean-de-Maurienne le fait merveilleux que nous venons de raconter, une guérison presque aussi extraordinaire s'opérait à Saint-Julien près de cette ville. Nous croyons devoir citer ici dans le style du temps le texte même du procès-verbal rédigé par le notaire Favre d'après la déposition qui fut faite par le père de celle qui avait été l'objet du miracle :

« Par devant moi, notaire Ducal.... s'est présenté honorable André Verdun.... disant que Gasparde sa fille a été atteinte d'une maladie aux médecins inconnue en telle sorte qu'elle perdit la parole, le sentiment, et tout mouvement, bref, réduite à une telle extrémité qu'elle avait aussi perdu le jugement. Le pauvre père, la voyant en cette extrême nécessité eut recours à Notre-Dame du Charmaix, où il fit un voyage avec sa fille avec tant de succez, qu'à même temps qu'ils eurent

(1) *Merveilles du Charmaix.*

abordé la saincte chapelle (qui fut le mesme jour de la nativité de la Saincte Vierge) la fille commença desjà de tenir la chandelle allumée en main ; estant de retour à Modane, prit sa refection, et le huitième jour recouvra la parole et tous ses sentiments : de sorte quelle cheminait jouissant d'une pleine disposition et dès lors s'est très-bien portée, par la grâce du Tout-Puissant et de la Saincte Vierge, de quoi le dit Verdun a requis à moi, notaire ducal soubsigné acte pour servir de mémorial à la postérité, que luy ay concédé. Fait à Saint-Julien, au devant de la maison des hoirs maistre Jean-Baptiste Cal, notaire, présens : honeste Jean Julien et Antoine fils d'honeste Jacques Voutier, tesmoins, soubsigné Favre (1).

XIII.

Hérétique préservé d'un péril imminent.

Dans l'année 1617, plusieurs hérétiques vaudois de la commune de Montole, dans la vallée du Pragelaz, avaient passé la montagne qui sépare Modane de Bardonèche pour se rendre à la foire à Saint-Jean-de-Maurienne. Dans le nombre se trouvait le nommé Etienne Rey qui s'était détaché de la compagnie un peu avant d'arriver au Charmaix. En passant devant la chapelle, celui-ci, quoique hérétique, voulut y déposer une offrande pour obtenir de faire une bonne foire. Je ne suis pas catholique, se disait-il, mais, bah ! il y a si peu d'accord entre nos ministres, on les voit se disputer avec tant d'acharnement sur divers points de leur doctrine qu'ils pourraient bien être dans l'erreur et les catholiques dans la vérité. Bien lui en prit ; car, bientôt après, poursuivant son voyage à Saint-Jean-de-Maurienne, la

(1) *Merveilles de Notre-Dame du Charmaix.*

rivière d'Arc démesurément enflée par l'abondance des pluies emportait un pont, avec la plupart de ses compagnons, qui le traversaient en ce moment.

Le Père d'Orly, qui raconte ce trait, ne dit pas de quelle manière Rey fut préservé; nous ne pouvons donc pas établir intrinsèquement l'existence du miracle. Mais l'auteur nous apprend que Rey était tellement persuadé qu'il devait son salut à l'acte religieux qu'il avait fait en passant au Charmaix, qu'il le déclara ouvertement au sieur Tournaz, aubergiste à Modane, et qu'il voulut en laisser un acte authentique signé de sa main chez le sieur François Bereau, notaire royal à Bardonèche (1).

XIV.

Guéri subitement d'une fluxion de sang.

Ici encore nous laisserons parler celui qui fut favorisé de la guérison extraordinaire.

« L'an 1621, je, Jean Duille, notaire ducal et maître d'extente à Quiège, au duché de Genevois, étant venu visiter la sainte chapelle du Charmaix pour avoir eu grâce de Notre-Dame que l'on surnomme *du Charmaix*, en la maladie que j'ai eue d'une périlleuse fluxion de sang, dès le quatrième jour du mois de juin dernier jusque presque aujourd'hui, je fus tellement débilité par la perte de ce sang, que, réduit aux derniers abois, chacun de ceux qui me voyaient m'adjugeaient au trépas : mais ayant fait vœu de faire ce pèlerinage, je fus entièrement consolé et du tout remis de ma maladie, car le sang cessa incontinent de couler davantage. Or, je crois fermement que sans le dit vœu et présente dévotion, je ne serais plus en être. Ainsi, je l'atteste devant Dieu

(1) *Merveilles de N.-D. du Charmaix.*

et sa Sainte Mère pour avoir reçu la grâce que je demandais. En foi de quoi, je me signe : Jean Duille.

XV.

Guérison merveilleuse d'une jeune fille de Valmeinier.

Le trait que nous allons raconter se passait dans le courant de l'année 1622.

Le nommé Jean-Baptiste Michel, de la paroisse de Valmeinier, avait une petite fille âgée d'environ douze ans qui, depuis l'âge de quatre ans, souffrait d'une hydropisie qui lui avait fait perdre l'usage de tous ses membres et même celui de la langue. C'est en vain que le père Michel avait eu recours à tous les remèdes naturels qui lui avaient été indiqués : tout était resté inutile. Ayant eu connaissance des grâces extraordinaires, qui, à cette époque surtout, étaient obtenues à la chapelle du Charmaix, il fit vœu de s'y rendre en pèlerinage et d'y porter sa fille. A partir de ce moment, celle-ci fut complètement guérie et recouvra entièrement les forces et la santé (1).

XVI.

Guérison extraordinaire d'un homme qu'on avait cru mort.

Le nommé Louis Borrel, natif de Saint-Martin-de-Belleville en Tarentaise, était venu s'établir à Epierre en Maurienne avec sa famille. Par suite d'une douloureuse maladie, il fut réduit à une telle extrémité qu'on le crut mort. Déjà le glas du décès avait été sonné et l'on s'apprêtait à lui rendre les derniers devoirs de la sépulture, lorsque la personne chargée de ces soins

(1) *Merveilles de N.-D. du Charmaix.*

funèbres, en lui posant la main sur le cœur, crut apercevoir encore quelques battements. A cette nouvelle, la femme de Borrel, qui pleurait la perte de son mari, reprend une lueur d'espérance; par une soudaine inspiration, elle se jette à genoux devant une image de Notre-Dame du Charmaix, et unissant sa prière à celle d'autres femmes venues pour la consoler, elle conjure cette bonne mère de rendre la vie et la santé à son époux, lui promettant qu'en reconnaissance de cette grâce, elle se rendra avec lui pendant trois années consécutives à la chapelle du Charmaix, les pieds nus et en habits de pénitente.

Une prière faite avec tant de foi et de confiance fut entendue de Marie; Borrel reprit connaissance et revint bientôt à une parfaite santé. Ce fait merveilleux s'était passé le 18 juillet 1623; il fut attesté par les époux Borrel, en présence des Révérends Geoffroi Favre, curé d'Avrieux, Michel Daymonaz, curé du Bourget, et Pierre Albert, curé d'Aussois (1).

XVII.

Guérison miraculeuse d'un enfant de la ville de Suse.

Jean-Michel Merle, bourgeois de la ville de Suse, avait un enfant atteint d'une hernie qui lui occasionnait des douleurs atroces. Son ventre présentait extérieurement un volume difforme dont la vue excitait la compassion de tous ceux qui le connaissaient. Mais nul plus que le père n'était affligé de cette triste infirmité de son cher enfant.

Instruit par le bruit public des prodiges et des grâces extraordinaires qui s'obtenaient par l'intercession de

(1) *Merveilles de N.-D. du Charmaix.*

Notre-Dame du Charmaix, il voulut, lui aussi, recourir à cette puissante Reine; sans se rendre immédiatement à son sanctuaire, probablement à cause du triste état de son enfant, il demanda qu'il y fût célébré une messe à son intention un jour déterminé. Ce jour là-même, comme il unissait sa fervente prière à celle du prêtre qui célébrait à la chapelle du Charmaix, l'enfant ressentit tout à coup un mouvement inaccoutumé et une espèce de craquement dans le siège du mal, ses entrailles étaient rentrées à leur place naturelle; il était guéri et jamais depuis il ne ressentit la moindre atteinte de sa désolante infirmité.

Le père, rempli de joie en voyant cette guérison qu'il ne pouvait attribuer qu'à la Sainte Vierge, se fit un devoir de se rendre bientôt après au Charmaix pour lui offrir ses actions de grâces et publier sur les lieux la faveur insigne qu'il venait de recevoir. Il en fit déclaration authentique en présence de révérend Rastelli, chanoine régulier de Notre-Dame-La-Grande, de Suse, de Jean André, capitaine, et de plusieurs autres personnes, qui toutes restaient émerveillées en entendant de sa bouche les détails que nous donnons ici (1).

XVIII.

Incendie de la paroisse d'Aussois arrêté miraculeusement.

A la distance d'environ douze kilomètres de Modane, sur un plateau élevé à quatorze cents mètres au-dessus du niveau de la mer, existe le charmant village d'Aussois, aux rues spacieuses, aux maisons propres, aux élégantes fontaines alimentées par des eaux limpides et

(1) *Merveilles de N.-D. du Charmaix.*

abondantes : coquettement situé au milieu de riantes prairies, ce village offrirait un séjour des plus charmants si ce n'étaient la rigueur du climat et la violence des vents dont il est battu presque sans interruption pendant les trois cent soixante-cinq jours de l'année. On dit les habitants d'Aussois légèrement enclins à la chicane ; nous trouvons, nous, qu'ils se distinguent surtout par leur intelligence et leur esprit de foi : cet esprit paraît-il, est traditionnel parmi eux ; leurs ancêtres, du moins, en avaient donné un touchant exemple dans la circonstance mémorable dont nous parlons.

Dans la nuit du 4 février 1627, un incendie avait éclaté tout à coup dans une maison située au milieu de la paroisse. Excité ce soir-là par un vent plus violent encore qu'à l'ordinaire, le feu s'était communiqué rapidement aux maisons voisines et menaçait de tout consumer. Dès la première apparition du sinistre, tous les habitants étaient accourus pour combattre la violence des flammes, mais tous leurs efforts étaient restés inutiles et ils comprirent qu'ils ne pouvaient plus espérer que dans le secours d'en haut. Dans leur consternation, ils s'adressèrent à leur pasteur, révérend Pierre Albert, et le prièrent d'aller exposer le saint Sacrement à l'église. Toute la population se trouve bientôt réunie aux pieds des autels, conjurant le Seigneur d'arrêter le terrible fléau. Mais le ciel semblait sourd à sa voix et l'incendie étendait toujours plus ses ravages. Néanmoins, ces bons habitants ne se déconcertent point, la ferveur de leurs prières augmente en proportion du danger, ils ont alors recours à Marie et la supplient de venir à leur secours. En même temps le curé et les syndics faisaient vœu, s'ils obtenaient cette grâce, de se rendre avec toute la population à la chapelle du Charmaix pour y remercier la Mère de Dieu.

Ils avaient à peine formulé les termes de cette promesse solennelle, que l'on vit tout à coup le vent se calmer et l'incendie cesser comme par enchantement. Les habitants d'Aussois venaient d'éprouver un effet visible de la protection de Marie, ils voulurent lui témoigner leur reconnaissance de la manière la plus solennelle. Dès le lendemain matin, malgré la rigueur de la saison et le mauvais état des chemins, malgré les fatigues d'une nuit agitée, ils se rendirent en procession au Charmaix, faisant éclater leur reconnaissance par leurs chants, sur un parcours de près de quatre heures (1).

XIX.

Paralytique guéri.

Dans le courant de la même année, la paroisse d'Aussois, qui venait d'éprouver d'une manière si merveilleuse la protection de Notre-Dame du Charmaix, voyait éclater cette même protection en faveur d'un de ses habitants d'une manière non moins prodigieuse.

Le nommé Jean Deschamps se trouvait atteint d'une paralysie qui le privait entièrement de l'usage de tous ses membres. A la peine déjà bien cruelle de ne pouvoir faire aucun mouvement venaient s'ajouter de temps en temps des douleurs tellement aiguës qu'elles lui faisaient jeter des cris déchirants accompagnés de convulsions et de grincements de dents. Jean Deschamps était très religieux : il résolut donc de s'adresser à Dieu, lui demandant par l'intercession de sa Très Sainte Mère de lui accorder au moins quelque adoucissement à son triste état. Dans cette intention, il chargea cinq pauvres veuves d'aller prier pour lui à la chapelle du Charmaix. Dès que celles-ci furent parties en pèlerinage,

(1) *Merveilles de N.-D. du Charmaix.*

tenant en main le chapelet et récitant en chœur des prières à haute voix, le malade se sentit merveilleusement soulagé. Il semblait que ses douleurs disparaissaient à mesure que ces pieuses femmes avançaient vers la chapelle. Quand, à leur retour, elles se présentèrent chez Deschamps, elles le trouvèrent en pleine convalescence, bénissant dans toute l'effusion de son âme la Vierge du Charmaix pour la grâce qu'elle venait de lui obtenir (1).

XX.

Autre guérison d'un malade abandonné des médecins.

Jean-François Giraud, débitant de sel à Saint-André, souffrait depuis huit ans d'une maladie tellement extraordinaire que la science médicale n'avait pu ni la définir, ni lui procurer le moindre adoucissement. De temps en temps il éprouvait des accès si violents qu'il en perdait la raison et tombait dans une espèce de frénésie. Voyant l'inutilité de tous les moyens naturels employés depuis si longtemps, il eut recours à la prière; il s'adressa à la Vierge du Charmaix, la conjurant, avec toute la ferveur que lui inspirait son triste état, de lui obtenir sa guérison. A la prière il joignit le vœu de se faire transporter dans la chapelle de ce nom dans la même intention. A peine avait-il accompli sa promesse en faisant le pèlerinage, accompagné d'une parente et de quelques autres femmes pieuses de sa paroisse, qu'il fut affranchi de ses douleurs et rendu bientôt à une parfaite santé.

C'est ce que Jean-François Giraud déclara lui-même en présence de témoins dans un acte authentique qu'il

(1) *Merveilles de N.-D. du Charmaix.*

fit dresser par Pierre Borrel, notaire ducal à Saint-André, dans le mois de janvier 1627 (1).

XXI.

Une petite fille aveugle recouvre la vue à la chapelle du Charmaix.

La jeune Catherine Mestrallet, de la paroisse de Sollières, avait six ans lorsqu'elle perdit entièrement la vue, par suite de la petite vérole dont elle avait été atteinte. Le mal fut jugé sans remède, et nul ne saurait dépeindre la désolation des parents en voyant le triste sort auquel leur enfant était condamnée pour le reste de ses jours.

Mais la foi et la piété de ces bons villageois étaient plus grandes que leur affliction ; ils avaient appris que rien n'est impossible à Dieu et que ce qu'il peut faire par lui-même, Marie peut l'obtenir par son crédit. D'un commun accord, ils résolurent de s'adresser à Notre-Dame du Charmaix : pleins d'une confiance sans borne envers cette bonne Mère, ils se prosternent à genoux et font vœu d'aller en pèlerinage à la chapelle du Charmaix et d'y porter leur enfant. Aussitôt qu'ils eurent fait cette promesse, la petite fille commença à ouvrir les yeux, restés constamment fermés jusque-là. Bientôt ensuite elle fut conduite au Charmaix par ses parents et, pendant que ceux-ci priaient avec instance aux pieds de la Vierge, ses paupières se dilatèrent toujours de plus en plus et elle finit par recouvrer entièrement la vue.

Le fait que nous rapportons fut consigné en son temps dans les registres de la chapelle par l'abbé Genin,

(1) *Merveilles de N.-D. du Charmaix.*

recteur, en présence de Jean-Baptiste Genin, son frère et du nommé Adrien Roche (1).

XXII.

L'enfant Dufour préservé miraculeusement.

Vers l'an 1629, Pierre Dufour, peintre, natif de Saint-Michel-de-Maurienne, quittait la ville d'Annecy où il avait établi sa résidence pour échapper à une épidémie qui y sévissait à cette époque. Avant de partir il s'était mis dévotement sous la protection de la Très Sainte Vierge, afin d'être préservé d'accident durant son voyage. Il était accompagné de sa femme et de sa famille. Arrivés à un endroit appelé *Lescheraine*, le domestique de la maison, qui portait un des enfants en bas âge, le laissa tomber par mégarde dans le précipice qui longeait le chemin.

En voyant leur enfant rouler au fond de l'abîme, les parents se jettent à genoux en invoquant Notre-Dame du Charmaix et la conjurant de le sauver. Aussitôt, ils descendent la pente du précipice et volent auprès de l'enfant, qu'ils trouvent en parfaite santé, sans la moindre contusion, paraissant revenu d'un doux sommeil.

Il serait impossible de dépeindre la joie et l'admiration de ces braves gens à la vue de cette protection évidente de Notre-Dame du Charmaix. Aussi, leur premier soin, en arrivant en Maurienne, fut-il de se rendre à son sanctuaire pour la remercier et déposer avec serment la vérité du fait auprès de Révérend Genin, recteur de la chapelle, en présence des témoins Jean Jourdain, Benoît Dufour et Dominique Nuer (2).

(1) *Merveilles du Charmaix.*
(2) *Id.*

XXIII.

Délivré miraculeusement d'une attaque de voleurs.

Le Père d'Orly, raconte que le nommé Etienne Tournaz, devenu plus tard curé du Bourget, en Maurienne, revenait de Marseille, où il faisait ses études, lorsqu'il fut tout à coup attaqué par cinq brigands aux environs d'un village appelé Firpelau. En se voyant entouré de ces hommes à l'aspect sinistre, il fut saisi de terreur; il sentit, dit l'auteur que nous citons, son sang se glacer dans ses veines. Néanmoins il conserva assez de présence d'esprit pour pouvoir se recommander à Notre-Dame du Charmaix. Il n'eut pas plutôt fait cette prière que les voleurs disparurent tout à coup comme par enchantement, sans qu'il eût rien aperçu qui pût les troubler dans leur agression et occasionner cette disparition aussi subite qu'inespérée.

Etienne Tournaz ne put jamais s'expliquer cette délivrance autrement qu'en l'attribuant à une protection miraculeuse de la Sainte Vierge, c'est la déclaration écrite de sa main qu'il laissait au Charmaix en 1630.

XXIV.

Guérison merveilleuse d'un homme brisé par une chute.

Le nommé Pierre Maillet, marchand dauphinois, travaillait à extraire de gros bois de charpente d'une forêt située au-dessus du Bourg-d'Oisans, lorsque, ayant fait une chute, il roula au fond d'un précipice et eut tout le corps tellement fracassé que l'on désespérait de ses jours. Cependant, à force de soins et de précautions, le nommé Pierre Gerot était parvenu en deux jours à le transporter vivant dans sa demeure pour y recevoir les secours que réclamait son triste état. Pendant qu'il languissait dans cette maison entre la vie et la mort, il reçut providentiellement la visite du père Vincent Clappier, de Maurienne, religieux de l'Ordre des Récollets. Voyant ce malheureux dans un état humainement désespéré, il lui parla de la Vierge du Charmaix, des prodiges qu'elle opérait tous les jours, et l'exhorta chaleureusement à recourir à elle en toute confiance. Notre malade se rendit avec empressement à la pieuse exhortation du religieux et promit à la Sainte Vierge, si elle lui rendait la santé, d'aller la remercier dans son sanctuaire du Charmaix. Aussitôt qu'il eut fait ce vœu, il sentit un soulagement merveilleux dans tous ses membres, ses douleurs disparurent insensiblement, et après quelques jours il était assez rétabli pour entreprendre le voyage du Charmaix. Il fut accompagné dans son pèlerinage de huit personnes de son pays, qui l'avaient vu après sa chute et avaient été témoins de sa guérison ensuite du vœu fait à Notre-Dame du Charmaix. Elles étaient tellement émerveillées de cette grâce extraordinaire, qu'elles n'avaient pu s'empêcher de venir joindre leurs actions de grâce à celles de leur compatriote, qui, dans sa reconnaissance, affirma avec serment la vérité du fait que nous racontons et se voua dès ce moment d'une manière toute spéciale au service et au culte de la Très Sainte Vierge (1).

Outre ces traits que nous avons cru devoir reproduire dans toute leur étendue, comme nous les trouvons dans les ouvrages du docteur Bertrand et du Père d'Orly, ce dernier auteur en cite plusieurs autres non moins intéressants, mais où l'intervention surnaturelle nous

(1) *Merveilles de N.-D. du Charmaix.*

apparaît d'une manière moins évidente : nous nous contenterons de les mentionner ici brièvement ne fût-ce que pour montrer la confiance de nos pères envers la Vierge du Charmaix, et rappeler des noms qui ne seront pas sans intérêt pour les lecteurs de notre pays.

L'an 1627, un berger nommé Dominique Frasson, de Saint-Alban-des-Villards, en Maurienne, perclus de tous ses membres et privé de la parole par suite d'une chute attribuée à une intervention diabolique, récupère tout à coup la santé et se met à parler, au moment où son père se trouvait dans la chapelle du Charmaix, accomplissant le vœu qu'il avait fait de s'y rendre en pèlerinage pour demander la guérison de son fils.

Le Père d'Orly assure avoir trouvé dans les archives de Me Audé, notaire, qu'en 1597, un soldat calviniste nommé Laplante, passant par le Charmaix pour se rendre en Dauphiné, avait eu la sacrilège témérité de vouloir enlever les vases sacrés et autres objets de valeur qui se trouvaient dans la chapelle. Mais aussitôt il resta immobile et comme paralysé de tous ses membres jusqu'à ce que chaque objet eût été remis en place par ses deux compagnons de voyage. Alors, au lieu de reconnaître la main invisible de Dieu, qui le retenait, il ne devint que plus furieux, et pris d'une rage infernale, il poussa l'impiété jusqu'à décharger son mousquet contre la statue, qui du reste ne fut que légèrement effleurée par la balle. Un tel crime ne resta point impuni : ce scélérat venait de se remettre en marche pour continuer sa route, lorsqu'il tomba foudroyé par le feu du ciel, à quelque distance de la chapelle. Son domestique, qui avait été témoin de tout ce qui s'était passé, ne put s'empêcher de reconnaître ici un effet de la justice divine ; il prit aussitôt le parti d'abandonner l'erreur calviniste et d'embrasser la foi catholique.

En 1628, année d'un jubilé universel accordé par le

Pape Urbain VIII, se trouvait réunie au Charmaix, la veille de la fête de la Sainte Trinité, une immense foule de personnes, venues surtout des paroisses de Saint-Sorlin et de Saint-Jean d'Arves, probablement pour accomplir une des stations prescrites pour l'indulgence du jubilé. Vers les cinq heures du matin, au moment où le recteur se disposait à célébrer la sainte messe, pendant que la foule attendait aux abords de la chapelle, tout à coup, sans que rien n'eût pu le faire prévoir, le pont contigu s'écroula et disparut au fond du torrent. Malgré l'affluence des pèlerins, pas un seul d'entr'eux ne s'était trouvé engagé sur le pont en ce moment et l'on n'eut aucun accident à déplorer. Tous virent en cela un effet merveilleux de la protection de Marie, et aussitôt ils se mirent à chanter un *Te Deum* d'actions de grâces, entonné par le Recteur du Charmaix.

La même année 1628, voyait une protection non moins admirable de la part de Notre-Dame du Charmaix, en faveur de la dame Jeanne-Françoise Martin, épouse de noble Jean-Gaspard de Mandole, seigneur des Buchilles. Cette dame, voulant se rendre du château des Cuines, séjour ordinaire de sa famille, au bourg de La Chambre, accompagnée des nobles d'Humbert et d'Amidor, sénateurs à la cour souveraine de Savoie, essaya de traverser à cheval la rivière d'Arc qui sépare ces deux localités. Arrivée au milieu de la rivière, elle fut saisie par la frayeur et prise d'un vertige qui la fit tomber de cheval, en danger évident d'êtres emportée par les flots. Ce que voyant noble d'Humbert, plein de confiance en la Vierge du Charmaix, qu'il honorait comme la patronne de son pays, il la conjura de sauver l'infortunée qui allait périr : celle-ci, tout en se débattant contre le courant, n'avait cessé de se recommander à la Sainte Vierge. Au même instant, lorsque déjà elle avait été entrainée à plus de 50 toises de l'endroit où elle était tombée, on la vit revenir, peu à peu ramenée par les eaux aux bords de la rivière, où elle fut recueillie saine et sauve par ses nobles compagnons.

Le Père d'Orly, dans sa trente-unième merveille de Notre-Dame du Charmaix, rapporte deux autres traits dans le même genre que celui que nous venons de citer.

En 1631, Révérend Jean-Baptiste Rond, curé de la paroisse des Fourneaux, se rendit à Saint-Jean-de-Maurienne pour le synode, accompagné des curés d'Aussois et de Lanslevillard. Arrivés à Saint-Julien, ils trouvèrent le torrent, qui traverse la paroisse, excessivement enflé. Le curé des Fourneaux voulut néanmoins passer outre : mais quand il fut engagé sur le pont avec la monture qui le portait, le pont s'écroula tout à coup et disparut dans les eaux boueuses du torrent. L'infortuné se recommande à Notre-Dame du Charmaix, et aussitôt il reparaît au-dessus des flots et vient rejoindre ses compagnons sur le rivage. Tous ceux qui avaient été témoins du danger couru par Révérend Rond, ne purent attribuer son salut qu'à la protection de la Sainte Vierge.

Dans le courant de la même année, noble Ennemond Martin, de Saint-Colomban-des-Villards, se rendait à la chapelle du Charmaix, où, après avoir assisté à la messe et communié en action de grâce, il déposa auprès du révérend Père Marcel, de l'ordre des capucins, en présence de plusieurs témoins, qu'étant tombé avec son cheval dans la rivière d'Arc, il avait été sauvé miraculeusement après avoir invoqué la protection de Notre-Dame du Charmaix.

En 1630, les nommés Dominique Mullinier et David Millet, de Modane, étaient occupés ensemble à couper des bois dans la forêt, lorsque, par l'effet d'une fausse manœuvre, ils furent jetés au fond d'un précipice de la hauteur de dix-sept toises. Ils n'avaient eu cependant aucun mal : c'est qu'au moment du danger, ils avaient invoqué Notre-Dame du Charmaix, comme ils en firent la déclaration au recteur de la chapelle, disant qu'ils attribuaient leur préservation uniquement à la protection de cette puissante Vierge.

CONCLUSION.

En reproduisant ici la plupart des faits merveilleux ou extraordinaires rapportés par les auteurs qui ont écrit sur le Charmaix, nous avons souvent regretté de ne pouvoir consulter le registre dont nous avons parlé, dans lequel les recteurs de la chapelle consignaient ces mêmes faits d'après les dépositions qui leur étaient faites, ou dont ils avaient été eux-mêmes les témoins. Nous aurions pu certainement puiser à cette source bien des détails du plus haut intérêt. Malgré les recherches minutieuses que nous avons faites dans les archives de Modane, cependant si riches, nous n'avons rien pu découvrir. Il est à présumer que ce registre aura été emporté par le dernier recteur, au moment de la grande révolution et qu'il se sera égaré dans ces temps de trouble.

Nous ne terminerons pas ce travail sans répondre à une difficulté qui, sans doute, se sera présentée plus d'une fois à l'esprit du lecteur, en parcourant le sixième chapitre de cet ouvrage. A la lecture de toutes ces faveurs extraordinaires attribuées à Notre-Dame du Charmaix, on se demande comment elles ne se renouvellent plus aujourd'hui, du moins aussi fréquemment, et s'il ne faudrait pas peut-être faire une large part à la crédulité de ces temps anciens.

D'abord, pour ce qui est de la crédulité, nous disons que les faits répondent par eux-mêmes et par les circonstances qui les ont accompagnés. Le plus grand nombre de ceux que nous avons racontés sont manifestes, publics, attestés par des personnes de tout rang et de toute condition. Parmi les témoins, il y eut des gens simples, ignorants peut-être, mais il y eut aussi des hommes éclairés, bon nombre d'ecclésiastiques distingués par leur science et leur piété, des magistrats, des officiers occupant les premiers grades, des hommes du monde et même des hérétiques : comment supposer que toutes ces personnes aient pu croire à de prétendus prodiges dont elles n'auraient pas eu des preuves certaines, incontestables?

Mais de plus, il est un fait patent que nul ne peut contester : dès la plus haute antiquité jusqu'à nos jours, des multitudes de fidèles de tout sexe et de toute condition accourent chaque année en pèlerinage au Charmaix : l'accès de la chapelle est long et pénible; c'est quelquefois dans la saison rigoureuse, il faut cheminer sur la glace ou à travers les neiges; assez souvent, même en été, ils ont à souffrir des orages et des intempéries, ils vont sur une montagne déserte où ils seront sans secours, sans abri peut-être; la chapelle elle-même n'a de remarquable que son extrême simplicité; rien de naturel ne les attire, tout au contraire, sous ce rapport, devrait les éloigner; et néanmoins, ces pieux concours ont existé, ils existent depuis des siècles, nous en sommes les témoins. Comment pourrons-nous les expliquer, sinon par les merveilles opérées dans ce lieu vénéré? Supprimez cette raison, la dévotion à Notre-Dame du Charmaix, dévotion si ancienne, si générale et si constante, sera, elle seule, un fait plus extraordinaire que tous ceux que nous avons rapportés. Mais alors, dira-t-on, comment se fait-il que, de nos jours, nous ne voyons plus de ces faits merveilleux? Nous l'avouons, les faits de cette nature sont aujourd'hui beaucoup moins fréquents, mais nous n'admettons pas qu'ils aient complètement cessé. Nous en pourrions citer plusieurs, trop récents pour que nous puissions les publier ici sans indiscrétion, mais qui pourraient bien un jour trouver leur place à la suite de ceux que nous racontons dans cet ouvrage.

Mais si les faveurs obtenues de Notre-Dame du Charmaix sont moins éclatantes, nous doutons qu'elles soient aujourd'hui plus rares qu'elles ne l'ont été autrefois. Que de consolations ou de secours inespérés, que de guérisons extraordinaires, que de grâces de tout genre nous avons souvent entendu rapporter à l'invocation de la Vierge du Charmaix, par ceux-là même qui en avaient été l'objet! Et maintenant, si on veut savoir la raison pour laquelle les miracles sont devenus moins fréquents au Charmaix, nous demanderons, nous aussi, pourquoi, dans un ordre de choses plus général et plus élevé, Dieu ne fait plus aujourd'hui autant de miracles que dans les temps de l'établissement de sa religion sur la terre. C'est qu'ils ne sont plus aussi nécessaires pour l'accomplissement des desseins de la Providence. Dieu, en effet, n'opère pas le miracle pour le miracle lui-même. En dérogeant aux lois de la nature dont il est le seul maître, en faveur d'une personne ou d'une œuvre, il veut nous faire comprendre qu'il approuve cette personne ou cette œuvre. Le miracle est le cachet des œuvres divines : lorsque le but est atteint, que Dieu, dans sa sagesse, juge qu'il a fait assez pour manifester ses volontés, il cesse ou il ralentit le cours des miracles pour laisser à la liberté humaine l'occasion du mérite. Ainsi, Dieu voulant établir sa religion parmi les hommes, il était nécessaire qu'il leur prouvât qu'elle était réellement son œuvre, et il le fit au moyen des miracles dont il donna le pouvoir à ceux qu'il avait choisis pour la prêcher à toutes les nations. Puis, vint le jour où Dieu jugea que la vérité de sa religion était assez démontrée pour qu'elle pût s'imposer à tous les hommes, et que ceux qui la rejetteraient ne dussent attribuer qu'à eux-mêmes leur condamnation ; alors les miracles cessèrent, ou du moins, Dieu ne les opéra plus que rarement ou dans des circonstances particulières.

Appliquons ce principe général au sujet particulier qui nous occupe.

A certaines époques déterminées dans les desseins impénétrables de sa providence, il plaît à Dieu de révéler ses volontés par des manifestations surnaturelles, afin de ranimer la foi des peuples et de les amener à la pénitence, ou bien pour glorifier un saint, le plus souvent, la Très Sainte Vierge. Pour que les hommes puissent ajouter foi à ces révélations, il faut qu'elles portent avec elles le cachet divin dont nous avons parlé, et c'est pourquoi Dieu fait éclater les miracles dans les lieux où se sont faites les manifestations ou à l'invocation du saint qu'il veut exalter. Un élan mystérieux s'empare alors des âmes et pousse les foules nombreuses vers le lieu privilégié. En vain l'ennemi du bien suscitera des oppositions de toute nature, en vain la sagesse humaine voudra raisonner, l'esprit d'incrédulité, faire entendre ses clameurs, rien n'aura pu arrêter l'œuvre de Dieu, elle n'aura fait que grandir et s'affermir au milieu de la tempête. La période des miracles pourra bien cesser alors ; mais les fidèles, instruits par la tradition, excités par l'exemple de leurs ancêtres, continueront à fréquenter ces lieux vénérés, et Dieu, de son côté, se plaira à récompenser leur foi par les faveurs spéciales qu'il continuera d'attacher à ces pèlerinages. Telles furent l'origine et la destinée de la plupart des anciens sanctuaires, de celui du Charmaix en particulier.

Aujourd'hui, l'appel céleste se fait surtout à Lourdes et à la Salette. En ces temps d'impiété ou d'indifférence religieuse, Dieu nous ménage de grands motifs d'espérance et de consolations, dans ces miracles de tout genre, qui démontrent, jusqu'à l'évidence, la vérité des apparitions de Marie, en ces lieux devenus à jamais célèbres. Un jour viendra probablement pour ces deux nouveaux pèlerinages, comme il est arrivé pour les anciens, où Dieu, les ayant suffisamment recommandés à la foi et à la dévotion des fidèles, pourra suspendre la preuve du miracle, tout en leur continuant la vertu d'attirer des grâces privilégiées sur ceux qui les fréquenteront.

Nous terminerons par une observation qui n'est pas sans importance : lorsqu'un nouveau sanctuaire s'élève dans un lieu que Dieu désigne à la dévotion des fidèles par quelque signe extraordinaire et surnaturel, on pourrait croire que c'est au préjudice des anciens sanctuaires qui seraient dépouillés de leurs privilèges. Rien n'autorise une pareille supposition. Les trésors de la puissance et de la miséricorde divines sont infinis ; il peut bien multiplier aussi à l'infini les canaux destinés à les distribuer avec une égale abondance. Le vrai Dieu n'avait autrefois qu'un seul temple, où il avait promis d'avoir les yeux toujours ouverts et les oreilles toujours attentives aux besoins de son peuple. Est-ce qu'il n'attache pas au moins les mêmes privilèges à ces milliers d'églises qui lui sont aujourd'hui dédiées sur tous les points du globe?

S'il est une cause qui doive tarir la source des grâces de Dieu dans un certain lieu et le disposer à la transporter ailleurs, ce ne sera certes jamais la multiplicité des édifices consacrés à son culte, mais bien plutôt les mauvaises dispositions des hommes ; ce sont les abus des pèlerinages, les péchés dont ils deviennent quelquefois l'occasion. Evitons les abus, apportons à cette œuvre sainte des dispositions saintes, une intention pure, un grand esprit de foi, de confiance et de prières, et nous en retirerons toujours les fruits les plus précieux.

Enfants de la religieuse Maurienne, nous vénérons tous les sanctuaires consacrés au culte de la Mère de Dieu, nous aimons, nous admirons ces pieuses phalanges que nous voyons se dérouler sur tous les chemins conduisant à quelqu'un de ces sanctuaires, mais aussi, nous ne délaisserons jamais l'humble chapelle du Charmaix, où, depuis tant de siècles, Marie est venue s'établir la gardienne de nos vallées.

C'est ainsi que l'ont compris nos ancêtres; dans leur amour et leur confiance illimitée envers cette Vierge, ils ne la désignaient pas autrement qu'en l'appelant *la bonne Mère du Charmaix.*

Nous avons vu comment Marie a répondu à ces sentiments par la protection visible dont elle les a couverts en bien des circonstances. Nous imiterons l'exemple de nos pères; marchant sur leurs traces, nous irons confondre en quelque sorte nos prières avec leurs prières dans l'antique sanctuaire : aux jours de l'épreuve surtout nous élèverons nos regards vers la sainte montagne d'où nous viendra infailliblement le secours comme nous l'avons éprouvé dans une circonstance récente dont le récit va terminer cette notice.

C'était en 1867; le choléra avait éclaté dans une grande partie de l'Europe, spécialement en France. La Savoie, malgré l'air pur de ses montagnes, ne fut pas épargnée. L'épidémie sévit violemment à Chambéry et dans plusieurs autres localités, puis envahit la Maurienne et vint s'abattre sur Modane. Après y avoir produit quelques cas isolés dans le courant du mois d'août, le fléau devint tout à coup effrayant dans les premiers jours de septembre; pendant trois semaines il ne se passa pas de jours sans que nous eussions plusieurs décès à constater, assez souvent les cas étaient en quelque sorte foudroyants ; plusieurs fois il nous est arrivé de conduire au cimetière le soir des personnes qui étaient venues le matin nous déclarer le décès d'un parent ou d'un voisin. L'autorité avait donné ordre d'inhumer les victimes quelques heures après la mort.

Une chaleur seccessive et vraiment anormale en cette saison, jointe à l'agglomération du grand nombre d'ouvriers employés aux travaux du tunnel et à la construction d'un chemin de fer américain, favorisait la propagation de l'épidémie et faisait craindre qu'elle ne cessât pas de sitôt. La population était dans la consternation, chacun s'attendant à chaque instant à être atteint par la terrible maladie. Comme toujours dans les circonstances critiques, on levait les yeux vers Notre-Dame du Charmaix et l'on nous demandait d'aller en procession implorer son puissant secours. Mais la distance est longue, le chemin pénible, la plupart des habitants ressentaient une grande lassitude produite par l'influence de la contagion ; peu de personnes auraient pu assister à la procession au Charmaix. Aussi nous jugeâmes à propos de la remplacer par une procession générale dans tous les quartiers de Modane, en l'honneur de la Vierge du Charmaix.

L'annonce fut reçue avec joie par toute la population. Au jour indiqué, le dernier dimanche de septembre, tous les habitants qui n'étaient pas empêchés par la maladie ou par quelqu'autre obstacle insurmontable, se rendirent à l'église, le conseil municipal en tête, les femmes en deuil. Ce même jour plusieurs cas avaient encore éclaté, la température était toujours accablante, on eût dit une atmosphère de plomb pesant sur nos têtes ; depuis plus d'un mois on n'avait aperçu aucun de ces courants presque habituels dans notre vallée.

A l'issue des vêpres la procession se met en marche ;

tous les assistants sont dans le recueillement le plus profond, partagés entre la crainte et l'espérance ; pendant près de deux heures nous parcourûmes les rues et les principaux quartiers de la paroisse, au son lugubre des cloches, au chant de prières adaptées à la circonstance. La procession allait finir et nous étions sur le point de rentrer à l'église, lorsque tout à coup nous sentîmes le souffle d'une brise vivifiante, l'atmosphère sembla se purifier et s'alléger, et l'on put respirer.

A partir de ce jour, nous n'eûmes plus que quelques cas très rares et un ou deux décès à attribuer au choléra ; le fléau avait cessé. Nul ne put douter que nous n'en fussions redevables à la Vierge du Charmaix.

NOTES.

I.

Administration de la Chapelle.

Messire Barthélemy Sébastien, curé de Modane, ayant réussi à se faire remettre les titres de concessions d'indulgences, voulut prendre le produit des offrandes. Il en résulta un procès devant le vicaire-général de Monseigneur de Lambert. Après avoir bien plaidé, on en vint à une transaction qui eut lieu le 4 mai 1583, sur la place publique de Modane, devant la cure. Les syndics, conseillers et procureurs cédèrent au curé « pendant la vie naturelle de Messire Barthélemy Sébastien, et non plus outre, toutes offertes, dons, dévotions et autres choses que seront données et offertes en la dite chapelle. » En outre la commune se chargea de la réparation et de l'entretien de la chapelle, aussi durant la vie du curé actuel, à la condition que celui-ci paierait chaque année la somme de treize florins et qu'il donnerait aussi tous les ans *deux linceuls de toille bons et recevables.* Ces linceuls étaient évidemment pour l'hôpital, auquel les syndics et procureurs avaient donc adjugé une part des offrandes faites à la chapelle.

Une convention semblable fut signée le 25 mars 1602, entre le successeur de révérend Barthélemy Sébastien, Messire Jean Armand, et les syndics et procureurs seulement; la somme à payer annuellement par le curé fut portée à vingt florins, soit quatorze livres neuves vingt-cinq centimes, dit une note moderne mise à la marge de l'acte, et il fut stipulé que l'emploi de cet argent serait concerté entre le curé, les syndics et les procureurs.

En 1620, Jean Armand, voulant prévenir toutes difficultés ultérieures, obtint du Saint-Siège, à titre de bénéfice simple, la chapelle du Charmaix avec toutes les offrandes qui s'y faisaient.

Sa mort donna lieu à un procès. Dès le lendemain, 24 septembre 1625, la commune, qui prétendait avoir un droit de patronage résultant du fait de la reconstruction ou de l'agrandissement de la chapelle de Michel Falquet, des réparations opérées à diverses époques et de l'entretien dont elle était chargée, fit un acte de présentation de recteur en faveur du neveu du défunt, aussi nommé Jean Armand. Mais le 25, Messire Pierre Duverney, vicaire-général et official, nomma révérend Benoît Genin, qui alla se faire mettre en possession par un scribe de la cour spirituelle de l'évêché, malgré l'opposition des syndics de Modane.

Le conflit, porté d'abord devant l'officialité diocésaine, fut déféré au Sénat par la commune. Le principal argument de Benoît Genin contre elle, c'était que, non-seulement elle n'avait fait aucune dotation à la chapelle, mais que même elle ne l'avait ni bâtie, ni restaurée, ni entretenue à ses frais; car, dit un des mémoires qu'il produisit, « est véritable avoir des grandes grâces au dit oratoire, les quelles se vont toujours augmentant et à ceste considération il y auroit affluence de dévots peuples et personnes qui auroient visité la dite chapelle, fait et laissé des grandes oblations au moyen des quelles aurait été bastie, couverte et restaurée la dite chapelle, et non des deniers ni des biens de la communauté. »

La commune répondit par une délibération du 23 avril 1626, dans laquelle, pour constituer un revenu fixe au Charmaix, elle lui donna : 1° les treize florins et les deux linceuls annuels promis par Barthélemy Sébastien en 1583; 2° les vingt florins promis par Jean Armand en 1602; 3° huit florins par an sur les revenus de la commune. Il n'y avait de réel dans cette dotation que ces huit florins : par un acte du même jour, Michel Replat-Varot les prit à sa charge, à la condition que le recteur du Charmaix serait nommé par les syndics et la communauté de Modane. Ajoutons que la commune se chargeait de pourvoir à l'entretien de la chapelle et du pont, et de faire payer six florins de rente légués par le notaire Audé.

On ne sait quelle suite le Sénat donna à cette affaire. Toujours est-il que révérend Genin garda le rectorat du Charmaix, définitivement séparé de la cure. Il eut, quelque temps après, une autre difficulté avec le curé de Modane, nommé Saturnin Michaëlis, qui, en cette qualité, réclamait une part des offrandes faites au Charmaix. Les deux parties s'en rapportèrent à l'arbitrage de l'évêque, Monseigneur Charles Bobba, dont la décision est du 17 avril 1630. Elle alloue au recteur toutes les offrandes; mais, par transaction, elle l'oblige à donner tous les ans au curé un écu d'or de France.

Saturnin Michaëlis, ou Michel, était natif de Saint-Jean-d'Arves; il était curé de Lanslevillard, lorsqu'il se présenta au concours ouvert pour la cure de Modane, vacante par le décès de Jean Armand. Ses patentes, datées du 4 décembre 1625, lui donnent le titre de professeur de théologie.

NOTE II.

La Tour.

La tour donnée par la duchesse Christine au recteur du Charmaix tombait en ruine; la toiture s'était effondrée et les murs étaient lézardés du haut en bas, ce qui n'empêcha pas la Chambre des Comptes de ne se décider qu'en 1642 à entériner les lettres-patentes avec cette clause : « qu'il est permis au recteur de réparer et bastir la tour, sans diminution de la hauteur des murallies d'icelles pour en jouir pendant la bon plaisir de S. A. »

En l'année 1614, Charles-Emmanuel Ier en avait fait donation à noble Catherin d'Hostel, auditeur en la Chambres des Comptes de Savoie, en récompense de ses bons et loyaux services. Le présent était de mince valeur, car déjà la *tour* était en ruines. En 1615, d'Hostel l'avait cédée à la commune ainsi qu'un pré de *12 moudures* situé *jouxte le Cimetière et le Curtil de la Cure,* pour le prix de mille florins.

La commune laissa la tour dans l'état où elle était et bien lui en prit; car, après la mort de Charles-Emmanuel Ier, Victor-Amédée Ier fit rentrer dans le domaine ducal les fiefs que son père avait aliénés gratuitement.

Ce fut donc Pierre Arnaud qui releva ces ruines et remit la tour en l'état où elle se trouvait au moment de la révolution.

NOTE III.

Au moment où nous écrivons cette notice, la chapelle du Charmaix n'a d'autres revenus fixes que le produit d'un pré sur cette montagne, dont le curé de Modane a la jouissance à la charge de payer les contributions et d'acquitter annuellement une messe à la chapelle pour le donateur, et une rente de vingt-quatre francs que la fabrique doit servir annuellement, en exécution du testament de révérend Cot, prêtre de Modane, décédé curé de Chamoux.

NOTE IV.

Plusieurs fois déjà, à des époques antérieures. on avait eu à déplorer ces sortes de profanations, mais elles avaient été extrêmement rares. Dans ces derniers temps, elles sont devenues d'une fréquence vraiment inquiétante. Depuis le commencement des travaux du tunnel, dans l'espace de quatorze ou quinze ans, nous avons vu plus de huit fois la grille forcée et la chapelle dévalisée. La première fois, en 1861, le crime fut commis avec une audace inouïe. C'était au mois d'avril, dans le temps qu'une mission était donnée à la paroisse : cinq ou six prêtres s'étaient succédés à l'autel jusqu'après les neuf heures du matin, un grand nombre d'ouvriers étaient employés à la réparation du chemin en amont et en aval de la chapelle, lorsque, vers les onze heures, un des ouvriers vit que la grille avait été horriblement fracturée; des malfaiteurs s'étaient introduits à travers les barreaux enfoncés, ils avaient enfoncé le tronc, enlevé les linges de la sacristie ainsi qu'un calice d'une assez grande valeur, et étaient allés jusqu'à monter sur l'autel et à dépouiller la statue de son diadème.

La même profanation s'est renouvelée en 1872, dans la nuit du dimanche au lundi de la Pentecôte. Suivant un ancien usage, nous nous rendions ce jour-là en procession à la chapelle du Charmaix, lorsqu'arrivés tout près du pont, nous vîmes un certain nombre de personnes qui formaient la tête de la procession revenir tout à coup sur leurs pas et accourir vers nous, tout effarées, pour nous dire qu'elles avaient trouvé la grille brisée. Nous entrâmes dans la chapelle sous le poids d'une émotion facile à comprendre, et nous pûmes constater que les malfaiteurs, après avoir naturellement pillé le tronc, avaient enlevé tous les objets de quelque valeur. Cette fois, néanmoins, ils avaient respecté le pauvre et unique calice qui se trouvait à la sacristie, et il nous fut possible de célébrer la sainte messe devant la nombreuse assistance, visiblement affectée de ce nouveau sacrilège.

De la manière dont ces profanations ont été accomplies, il

ressort pour nous d'une manière évidente qu'il a fallu pour cela le concours d'un certain nombre de complices, soit pour surveiller les avenues de la chapelle, soit pour forcer les gros barreaux de la grille; et pourtant l'on ne put jamais parvenir à se procurer le moindre indice qui mit sur la trace des coupables.

Berthe

Imprimatur.

Gratianopoli, diè 28ª novembris 1888.

Tenet, *v.-g.*

TABLE

www.ingramcontent.com/pod-product-compliance
Ingram Content Group UK Ltd.
Pitfield, Milton Keynes, MK11 3LW, UK
UKHW020255220726
13923UKWH00002B/940